WILLIAMS-SONOMA

GALLETAS

RECETAS Y TEXTO

MARIE SIMMONS

EDITOR GENERAL

CHUCK WILLIAMS

FOTOGRAFÍA

NOEL BARNHURST

TRADUCCIÓN

**LAURA CORDERA L.
CONCEPCIÓN O. DE JOURDAIN**

degustis

MÉXICO

CONTENIDO

GALLETAS PARA REGALO

GALLETAS PARA CELEBRACIONES

GALLETAS DECORADAS

INTRODUCCIÓN

Aún no he conocido a nadie que pueda resistirse fácilmente a una tentadora galleta horneada en casa. Y, debido a que las galletas son algo tan fácil y divertido de hacer como de comer, tiene una razón para probar alguna de las tentadoras recetas de este libro. Ya sea que usted prefiera galletas crujientes con sabor a canela y nueces picadas, barras de denso chocolate con un toque de espresso, ruedas rellenas de jalea de frambuesa espolvoreadas con azúcar en polvo o una cremosa rebanada de panqué, de seguro encontrará en este libro más de una receta favorita que deseará preparar.

Cada una de estas recetas está probada en la cocina para garantizar resultados exitosos y viene acompañada por una útil nota lateral que explica algún ingrediente o técnica esencial, para ayudarle a hacer galletas que siempre salen deliciosas. Y, si revisa el capítulo de temas básicos en la parte posterior del libro, encontrará consejos adicionales, así como ideas creativas para empacar y presentar sus galletas como delicados regalos. Le deseo mucho éxito con estas recetas y espero que lo pueda compartir con su familia y amigos.

LAS CLÁSICAS

Una galleta recién horneada y aún caliente, pueden ser la mayor delicia. Aquí presentamos las recetas favoritas más populares, desde el panqué cremoso y las delicadas magdalenas hasta las irresistibles galletas de chispas de chocolate y los crujientes biscotti de anís. Perfectas para comerse en la tarde o como un bocadillo ya entrada la noche, estas galletas únicamente pueden perfeccionarse si se acompañan con una taza de té caliente o un vaso de leche fría.

GALLETAS DE CHISPAS DE CHOCOLATE

Precaliente el horno a 180ºC (350ºF). Tenga listas 2 charolas para hornear sin engrasar. Cierna la harina, polvo para hornear, bicarbonato de sodio y sal sobre una hoja de papel encerado; reserve.

En un tazón grande, usando una batidora eléctrica a velocidad alta, acreme la mantequilla hasta que se esponje y se torne amarillo pálido. Agregue el azúcar granulado y mascabado y continúe batiendo hasta que la mezcla ya no se sienta arenosa cuando la frote entre sus dedos índice y pulgar. Agregue el huevo y la vainilla y bata a velocidad baja hasta integrar por completo, apagando ocasionalmente la batidora y raspando los lados del tazón con una espátula de hule según sea necesario.

Agregue la mezcla de harina a la mezcla de mantequilla y bata a velocidad baja, o incorpore con una cuchara de madera, hasta integrar. Agregue las chispas de chocolate y las nueces, si las usa, mezclando o batiendo hasta integrar.

Humedezca sus manos y dé forma a la masa haciendo bolas de 2.5 cm (1 in) y coloque sobre las charolas de hornear con ayuda de unas cucharas, dejando una separación de 5 cm (2 in) entre las galletas.

Hornee las galletas cerca de 12 minutos, hasta que las orillas se doren. Deje que se enfríen brevemente en las charolas colocando éstas sobre rejillas de alambre. Posteriormente pase las galletas a las rejillas para que se enfríen por completo.

RINDE APROXIMADAMENTE 4 DOCENAS DE GALLETAS

1⅓ taza (220 g/7 oz) de harina de trigo (simple)

½ cucharadita de polvo para hornear

½ cucharadita de bicarbonato de sodio

½ cucharadita de sal

½ taza (125 g/4 oz) de mantequilla sin sal a temperatura ambiente

½ taza (125 g/4 oz) de azúcar granulada

½ taza (105 g/3½ oz) compacta de azúcar mascabado

1 huevo

1 cucharadita de extracto (esencia) de vainilla

1 taza (185 g/6 oz) de chispas de chocolate semi amargo

1 taza (125 g/4 oz) de avellanas, tostadas (página 22) y picadas grueso (opcional)

PANQUÉ ESCOCÉS

1 taza (250 g/8 oz) de mantequilla sin sal, a temperatura ambiente

¼ taza (30 g/1 oz) de azúcar glass (para repostería)

¼ taza (60 g/2 oz) de azúcar granulada, más 1 cucharada para espolvorear

2 cucharaditas de extracto (esencia) de vainilla

1½ taza (235 g/7½ oz) de harina de trigo (simple)

¼ cucharadita de sal

Precaliente el horno a 150ºC (300ºF). Tenga listo un molde cuadrado sin engrasar de 23 cm (9 in).

En un tazón grande, usando una batidora eléctrica a velocidad alta, acreme la mantequilla hasta que esté esponjosa y color amarillo claro. Agregue el azúcar glass y ¼ taza de azúcar granulada y continúe batiendo hasta que la mezcla no se sienta arenosa cuando la frote entre sus dedos índice y pulgar. Integre la vainilla.

Cierna la harina con la sal sobre una hoja de papel encerado. Agregue gradualmente la mezcla de harina a la mezcla de mantequilla y bata a temperatura baja, o integre con una cuchara de madera, justo hasta incorporar.

Enharine las yemas de sus dedos, presione la masa uniformemente sobre el molde. Espolvoree uniformemente con 1 cucharada de azúcar granulada.

Hornee el panqué cerca de 1 hora, hasta que las orillas estén doradas. Retire el molde del horno y use inmediatamente un cuchillo filoso y delgado para cortar el panque en tiras de 7.5 cm x 2.5 cm (3 in x 1 in). Con un palillo de madera o los dientes de un tenedor marque algunos puntos en la superficie para decorar el panqué. Deje que las tiras se enfríen dentro del molde colocando éste sobre una rejilla de alambre durante 30 minutos antes de sacarlas y pasarlas directamente a la rejilla para que se enfríen totalmente.

RINDE 27 BARRAS

ACREMANDO MANTEQUILLA

Comúnmente el primer paso en las recetas de galletas es acremar, o airear la mantequilla. Esto hace que las galletas tengan una textura ligera y suave. Para acremar la mantequilla, bata con una batidora eléctrica o una cuchara de madera hasta que se extienda, se aclare su color y se haga más suave y tersa. Esto deberá tomar entre 3 y 4 minutos con una batidora eléctrica o un poco más si se hace a mano. Posteriormente agregue el azúcar y bata hasta que los granos estén completamente incorporados. Compruebe frotando la mezcla entre sus dedos índice y pulgar: se deberá sentir suave. Raspe los lados del tazón por lo menos una vez durante el proceso de acremado para integrar los ingredientes uniformemente.

GALLETAS DE AZÚCAR

En un tazón grande, usando una batidora eléctrica a velocidad alta, acreme la mantequilla hasta que esté esponjosa y pálida. Agregue la azúcar granulada en 3 tandas, batiendo a velocidad baja durante 2 minutos después de cada adición. Integre la yema de huevo y la vainilla a la mezcla de mantequilla y bata hasta incorporar por competo.

Cierna la harina con la sal sobre una hoja de papel encerado. Agregue la mezcla de harina a la mezcla de mantequilla y bata a velocidad baja, o integre con una cuchara de madera, hasta incorporar.

Coloque la masa sobre una superficie de trabajo y divida en 4 porciones iguales. Corte en discos, envuelva en plástico adherente y refrigere por lo menos durante 2 horas o hasta por toda la noche.

Precaliente el horno a 180°C (350°F). Engrase ligeramente 2 charolas para hornear o cubra con papel encerado (para hornear).

Retire los discos de masa del refrigerador y deje reposar a temperatura ambiente durante 15 minutos. Trabajando con 1 disco a la vez, coloque entre 2 hojas de papel encerado y extienda con el rodillo hasta que tenga entre 3 y 6 mm (⅛–¼ in) de espesor. Usando moldes de galletas corte en círculos u otras formas. Repita la operación con los discos de masa restantes, junte los sobrantes y vuelva a extender. Si los sobrantes de masa se hacen pegajosos, refrigérelos por lo menos durante 10 minutos antes de volver a extenderlos. Para obtener el mejor resultado, no vuelva a extender la masa más de dos veces.

Usando una espátula para repostería, pase las galletas a las charolas preparadas. Espolvoree con azúcar. (Si usa azúcar miel o azúcar glass, hornee las galletas y después espolvoree el azúcar mientras estén aún calientes). Si usa un cortador de galletas con una forma complicada, refrigere las galletas cortadas de 15 a 30 minutos antes de hornear.

Hornee las galletas de 10 a 12 minutos, hasta que su base esté ligeramente dorada. Deje que las galletas se enfríen ligeramente colocando las charolas sobre rejillas de alambre antes de pasar las galletas directamente a las rejillas para que se enfríen completamente.

RINDE APROXIMADAMENTE 3 DOCENAS DE GALLETAS

VARIACIONES DE SABOR

Si desea obtener galletas crujientes con un denso sabor a chocolate, reduzca la cantidad de harina de esta receta a 1¾ taza (250 g/9 oz) y agregue ½ taza (45 g/1½ oz) de polvo de cocoa sin edulcorantes estilo holandés. Espolvoree con azúcar granulada o cristales gruesos de azúcar, o decórelas con un glaseado de color claro, chispas o grageas. O, una vez horneadas y frías, espolvoree las galletas generosamente con azúcar glass (para repostería) cernida. Si desea un sabor cítrico, sustituya 1 cucharadita de extracto (esencia) de limón por la vainilla.

1½ taza (375 g/12 oz) de mantequilla sin sal, a temperatura ambiente

¾ taza (185 g/6 oz) de azúcar granulada

1 yema de huevo

2 cucharaditas de extracto (esencia) de vainilla

2 tazas (315 g/10 oz) de harina de trigo (simple)

¼ cucharadita de sal

Azúcar para espolvorear, ya sea: granulada, especial para decorar, turbinada, miel o glass (para repostería)

BARRAS DE LIMÓN

PARA LA CORTEZA:

1 taza (155 g/5 oz) de harina de trigo (simple)

¼ taza (30 g/1 oz) de azúcar glass (para repostería)

¼ cucharadita de sal

1 cucharadita de ralladura de limón

½ taza (125 g/4 oz) de mantequilla sin sal fría, cortada en trozos pequeños

PARA EL RELLENO:

3 cucharadas de harina de trigo

½ taza (125 ml/4 fl oz) de jugo de limón recién hecho

3 huevos

1 taza (250 g/8 oz) de azúcar granulada

1 cucharada de ralladura de limón

Una pizca de sal

Azúcar glass (para repostería), para espolvorear

Precaliente el horno a 180°C (350°F). Prepare un molde rectangular para tarta de 35 x 11 cm (13¾ x 4¼ in) con base desmontable, o un molde cuadrado de 20 cm (8 in) con su base y lados cubiertos con papel aluminio y engrasado generosamente.

Para hacer la corteza, cierna la harina con el azúcar glass y sal en un tazón y pase a un procesador de alimentos. Agregue la ralladura de limón y pulse para mezclar. Agregue la mantequilla poco a poco, mezclando hasta que la pasta quede grumosa. Pase la mezcla al molde preparado y presione uniformemente en la base y lados de la corteza.

Hornee aproximadamente 25 minutos, hasta que la corteza esté dorada en las orillas.

Mientras tanto, prepare el relleno. En una taza grande o jarra para medir, bata la harina con el jugo de limón. Agregue los huevos, azúcar granulada, ralladura de limón y sal; bata hasta que esté suave. Cuando la corteza esté horneada, saque cuidadosamente la rejilla del horno y vierta el relleno dentro de la corteza. Cierre la puerta del horno y reduzca la temperatura a 165°C (325°F). Hornee cerca de 30 minutos, hasta que el centro rebote al tacto.

Saque el molde del horno, colóquelo sobre una rejilla de alambre y deje enfriar totalmente. Si usa un molde de tarta con base desmontable, colóquelo sobre la palma de su mano extendida y deje que la orilla se separe, usando los lados del molde como agarraderas. Levante cuidadosamente la galleta del molde y colóquela sobre una tabla de picar. Usando un colador de malla fina, espolvoree la galleta generosamente con azúcar glass (página 42). Para hacerle un diseño a rallas, coloque tiras de papel encerado a lo largo de la galleta antes de espolvorear y después de hacerlo, retire las tiras de papel.

Con un cuchillo delgado y filoso, corte transversalmente haciendo barras delgadas de 2 a 2.5 cm (¾-1 in) de ancho. Usando una espátula de repostería, separe cuidadosamente las barras del papel encerado.

RINDE DE 12 A 16 BARRAS

CIRNIENDO

Cernir es una forma de airear una mezcla para obtener galletas ligeras y con una textura homogénea. También es la forma de combinar ingredientes secos para distribuir uniformemente una levadura como el polvo para hornear. Si no tiene un cernidor, sencillamente pase los ingredientes a través de un colador de malla fina. (Para pequeñas cantidades de harina, basta batirla para lograr el mismo efecto). Siempre siga la receta con exactitud cuando se refiere al cernido. A menos que se indique en otra forma, cierna la harina después de medirla, ya que la medida será diferente. Vea la página 106 para seguir las instrucciones generales acerca de cómo medir la harina y demás ingredientes secos.

BISCOTTI DE ANÍS

SEMILLA DE ANÍS

La semilla de la planta
de anís, un miembro de la
familia del perejil, se usa
entera o molida y tiene
un aroma dulce y un sabor
parecido al regaliz. A menudo
se agrega a muchos postres
europeos, como es el caso
de estos típicos biscotti
italianos. (Si desea más
información acerca de los
biscotti, vaya a la página 67).
Las semillas de anís son sólo
uno de los ingredientes
usados en el anisette, un
popular licor europeo con
sabor a regaliz.

Precaliente el horno a 180ºC (350ºF). Engrase y enharine ligeramente una charola para hornear grande, o cubra con papel encerado (para hornear) y tenga a la mano otra charola de hornear sin engrasar.

En un tazón grande, usando una batidora eléctrica a velocidad alta, acreme la mantequilla hasta que esté esponjosa y color amarillo pálido. Agregue la azúcar granulada y continúe batiendo hasta que la mezcla ya no se sienta arenosa cuando la frote entre sus dedos índice y pulgar. Agregue los huevos, uno a uno, batiendo a velocidad baja después de cada adición. Integre la vainilla, extracto de anís y semillas de anís machacadas a velocidad baja hasta integrar.

Cierna la harina con el polvo para hornear y la sal sobre una hoja de papel encerado. Agregue gradualmente la mezcla de harina a la mezcla de huevos y bata a velocidad baja, o mezcle con una cuchara de madera, justo hasta integrar. La masa deberá estar muy suave.

Extienda la masa sobre una superficie de trabajo generosamente enharinada y divida a la mitad. Humedezca sus manos, pase una mitad a la charola para hornear engrasada y déle forma de barra de aproximadamente 30 cm (12 in) de largo y 4 cm (1½in) de diámetro. Coloque sobre una orilla de la charola. Repita la operación con la masa restante, dejando por lo menos 10 cm (4 in) entre las barras. (Se extenderán a medida que se hornean). Barnice ligeramente la superficie de cada barra con un poco de clara de huevo y espolvoree con cristales gruesos de azúcar.

Hornee las barras de 25 a 30 minutos, hasta que las orillas estén doradas. Pase la charola a una rejilla de alambre y deje enfriar durante 10 minutos. Usando un cuchillo de sierra, corte las barras, aún sobre la charola, en rebanadas diagonales de 12 mm (½ in) de ancho. Cuidadosamente coloque las rebanadas sobre uno de sus lados y vuelva a ponerlas en el horno. Cuando no tenga espacio suficiente en una charola de hornear, pase las rebanadas a la otra charola. Hornee cerca de 10 minutos más, hasta que las orillas estén doradas. Deje enfriar totalmente en las charolas sobre rejillas de alambre. Almacene en recipientes herméticos.

RINDE APROXIMADAMENTE PARA 4 DOCENAS DE BISCOTTI

½ taza (125 g/4 oz) de mantequilla sin sal, a temperatura ambiente

½ taza (125 g/4 oz) de azúcar granulada

2 huevos

2 cucharaditas de extracto (esencia) de vainilla

½ cucharadita de extracto (esencia) de anís

1 cucharadita de semillas de anís, machacadas

1¾ taza (280 g/9 oz) de harina de trigo (simple)

½ cucharadita de polvo para hornear

¼ cucharadita de sal

1 clara de huevo, ligeramente batida

Cristales gruesos de azúcar para espolvorear

MAGDALENAS

1¼ taza (155 g/5 oz) de harina preparada para pastel (de trigo suave)

¼ cucharadita de polvo para hornear

¼ cucharadita de sal

2 huevos enteros, más 2 yemas de huevo, a temperatura ambiente

¾ taza (185 g/6 oz) de azúcar

1 cucharadita de extracto (esencia) de vainilla

Ralladura de ½ limón

½ taza (125 g/4 oz) de mantequilla sin sal, derretida y fría

Precaliente el horno a 190ºC (375ºF). Barnice generosamente con mantequilla derretida una charola con 12 moldes para magdalenas y espolvoree ligeramente con harina, sacudiendo el exceso. (Si usa una charola antiadherente no necesitará espolvorear con harina, pero si barniza con mantequilla les agregará sabor).

Cierna la harina con el polvo para hornear y la sal hacia un tazón. Reserve.

En un tazón grande, usando una batidora eléctrica a velocidad media alta, bata los huevos, yemas de huevo y azúcar hasta que la mezcla esté ligera y esponjosa. Agregue la vainilla y ralladura de limón y bata hasta integrar.

Usando una espátula de hule, incorpore la mezcla de harina con la mezcla de huevo con movimiento envolvente, hasta integrar por completo. Agregue la mantequilla derretida y mezcle hasta incorporar.

Coloque cucharadas copeteadas de la masa en los moldes de magdalenas. Llene cada molde hasta ¾ partes de su capacidad. Hornee aproximadamente 15 minutos, hasta que se doren y reboten al tacto.

Inmediatamente invierta la charola sobre una rejilla de alambre. Si fuera necesario, use un cuchillo para desprender suavemente las galletas de la charola. Deje que las galletas se enfríen por completo sobre la rejilla. Limpie la charola, deje enfriar, barnice con la mantequilla derretida, espolvoree con harina y repita la operación con el resto de la masa.

RINDE 2 DOCENAS DE MAGDALENAS

MAGDALENAS

Las magdalenas francesas son unas galletas delicadas con forma de concha y una textura ligera que se parecen más a un pastel de esponja que a una galleta crujiente y cremosa. Las magdalenas se hicieron famosas gracias a Marcel Proust con su novela "En Busca del Tiempo Perdido" y desde entonces han sido un acompañamiento preferido para el té y el café. Las magdalenas se hornean en una charola tradicional que lleva el mismo nombre. Hecha de lámina ligera, una charola para magdalenas estándar tiene 12 moldes.

GALLETAS LINZER

En un procesador de alimentos muela finamente las avellanas tostadas usando pulsaciones cortas (página 37). Reserve. En un tazón grande, usando una batidora eléctrica a velocidad alta, acreme la mantequilla hasta que se esponje y se torne amarillo claro. Añada la yema de huevo, ralladura de naranja, extracto de vainilla y de almendra y bata a velocidad baja hasta integrar.

Cierna la harina con la canela y la sal hacia otro tazón. Agregue las avellanas molidas y mezcle para integrar. Añada la mezcla de mantequilla y bata a velocidad baja, o integre con una cuchara de madera, hasta incorporar por completo. La masa deberá quedar suave. Saque la masa del tazón, divídala en 4 partes iguales y envuelva cada una con plástico adherente. Refrigere cerca de 1 hora hasta que esté fría.

Precaliente el horno a 180ºC (350ºF). Engrase ligeramente 2 charolas de horno o cúbralas con papel encerado (para hornear). Retire 1 parte de la masa del refrigerador, coloque entre dos hojas de papel encerado y extienda con un rodillo hasta dejar de 6 mm (¼ in) de grueso. Usando un molde para galletas de aproximadamente 6 cm (2½ in) de diámetro, corte las galletas. Corte un orificio en el centro de la mitad de las galletas con un molde de 3 cm (1¼ in). Repita la operación extendiendo toda la masa y vuelva a extender los sobrantes conforme lo vaya necesitando para hacer 24 cortes en total, cortando los orificios en la mitad de ellos. Si la masa se hace demasiado pegajosa, envuélvala y meta al congelador durante 10 minutos antes de extenderla otra vez.

Usando una espátula delgada, pase cuidadosamente las galletas a las charolas preparadas. Hornee cerca de 12 minutos, hasta que queden firmes al tacto. Pase las charolas a rejillas de alambre. Desprenda las galletas de las charolas con la espátula, pero deje en su lugar hasta que se enfríen totalmente. Para armarlas, unte la mitad de las galletas enteras con una capa delgada (cerca de 1 cucharadita) de jalea de frambuesa hasta 6 mm (¼ in) de la orilla. Espolvoree las galletas cortadas generosamente con azúcar glass (página 42). Cubra las galletas enteras con las galletas cortadas.

RINDE 12 GALLETAS

TOSTANDO NUECES

Para tostar nueces, precaliente el horno a 165ºC (325ºF). Extienda las nueces sobre la charola de hornear en una sola capa, hornee y tueste, moviendo ocasionalmente, hasta que las nueces se doren y aromaticen (o que su piel apapelada empiece a romperse). Dependiendo del tipo y tamaño de las nueces, esto tomará entre 10 y 20 minutos. Empiece a revisar después de 10 minutos. En cuanto las saque del horno, colóquelas en un plato para que se enfríen. Continuarán tostándose y quizás se quemen si se dejan en la charola caliente. Para retirar las pieles de las nueces como avellanas, frótelas mientras estén aún calientes con una toalla limpia de cocina.

1 taza (155 g/9 oz) de avellanas (filberts) o almendras en hojuelas, tostadas y sin piel (vea explicación a la izquierda

½ taza (125 g/4 oz) de mantequilla sin sal, a temperatura ambiente

½ taza (125 g/4 oz) de azúcar granulada

1 yema de huevo

1 cucharadita de ralladura fina de limón o naranja

¾ cucharadita de extracto (esencia) de vainilla)

¼ cucharadita de extracto (esencia) de almendra

1 taza (155 g/5 oz) de harina de trigo (simple)

½ cucharadita de canela molida

¼ cucharadita de sal

Aproximadamente ¼ taza (75 g/2½ oz) de jalea de frambuesa sin semillas

Azúcar glass (para repostería), para espolvorear

GALLETAS PARA NIÑOS

Las formas divertidas y los sabores atrevidos de estas galletas les gustan a los jóvenes pasteleros y a sus ayudantes mayores. Deje que los niños más pequeños mezclen las chispas de chocolate con la masa, usando sus manos, mientras que los niños más grandes pueden extender la masa entre las palmas de sus manos o armar las galletas en forma de sándwich usando un relleno dulce y cremoso. Las recetas de este capítulo se convertirán en las recetas favoritas de los reposteros de todas las edades

GALLETAS DE AVENA

En una olla sobre calor alto, derrita la mantequilla; retire del calor. Usando una cuchara de madera, integre los azúcares hasta incorporar por completo. Añada el huevo y la vainilla y bata una vez más hasta integrar.

Cierna la harina con el bicarbonato, canela, nuez moscada y sal hacia un tazón. Incorpore la mezcla de harina con la mezcla de huevo y agregue la avena y las nueces. Tape y refrigere durante 1 hora.

Precaliente el horno a 180ºC (350ºF). Engrase generosamente 2 charolas de horno. Coloque la masa a cucharadas sobre las charolas preparadas, dejando una separación de 5 cm (2 in) entre ellas. Usando una espátula de metal, aplane cada bola de masa haciendo un disco de aproximadamente 9 mm (⅓ in).

Hornee las galletas de 12 a 15 minutos, hasta que se doren. Pase las galletas a rejillas de alambre para dejar enfriar por completo.

RINDE APROXIMADAMENTE PARA 3 DOCENAS DE GALLETAS

GALLETAS DE GOTA

Uno de los tipos de galletas más sencillos de hacer son las galletas de gota, llamadas así debido a que la masa por lo general se coloca en una cuchara y se deja caer como "gota" sobre la charola de hornear. Para darle forma a las galletas de gota, llene con masa una cuchara, por lo general una de mesa, y use una segunda cuchara para empujar la masa sobre la charola de hornear. Si prefiere galletas perfectamente redondas, humedezca sus manos y déle forma a la masa. Asegúrese de dejar un espacio de 5 cm (2 in) entre las galletas pues la masa es suave y cremosa y las galletas se extenderán al hornearse.

½ taza (125 g/4 oz) de mantequilla sin sal

½ taza (125 g/4 oz) de azúcar granulada

½ taza (105 g/3½ oz) compacta de azúcar mascabado

1 huevo, ligeramente batido

1 cucharadita de extracto (esencia) de vainilla

¾ taza (125 g/4 oz) de harina de trigo (simple)

¼ cucharadita de bicarbonato de sodio

¼ cucharadita de canela molida

¼ cucharadita de nuez moscada molida

¼ cucharadita de sal

1½ taza (140 g/4½ oz) de avena

⅓ taza (45 g/1½ oz) de nueces finamente picadas

BROWNIES

½ taza (125 g/4 oz) de mantequilla sin sal, cortada en 4 trozos

90 g (3 oz) de chocolate amargo para repostería, finamente picado

1 taza (250 g/8 oz) de azúcar

Una pizca de sal

2 huevos, a temperatura ambiente

1 cucharadita de extracto (esencia) de vainilla

¾ taza (90 g/3 oz) de harina para pastel (de trigo suave), cernida

¾ taza (140 g/4½ oz) de chispas de chocolate semi amargo, de crema de cacahuate o de chocolate blanco (opcional)

Precaliente el horno a 180°C (350°F). Engrase ligeramente un refractario de 20 cm (8 in) de vidrio o metal.

En una olla sobre calor bajo, mezcle la mantequilla y el chocolate semi amargo picado. Caliente, batiendo frecuentemente, cerca de 4 minutos hasta que se derrita. Retire del fuego e integre el azúcar y la sal, usando una cuchara de madera. Agregue los huevos y vainilla y bata hasta integrar por completo. Espolvoree la harina cernida sobre la mezcla y bata hasta integrar. Si lo desea, agregue las chispas de chocolate.

Vierta la masa al refractario y extienda uniformemente, aplanando la superficie. Hornee los brownies aproximadamente 30 minutos hasta que al insertar un palillo de madera en el centro éste salga casi totalmente limpio, o 5 minutos más si usa un molde de metal. No hornee de más. Pase a una rejilla de alambre para enfriar por completo antes de cortar en cuadros de 6 cm (2½ in).

RINDE 9 BROWNIES GRANDES

TIPOS DE CHOCOLATE

El proceso de fabricación del chocolate empieza con granos de cacao. Los granos se fermentan, asan, pelan y presionan haciendo trozos que después se comprimen para convertirse en licor de chocolate. El chocolate amargo o semi amargo es licor de chocolate puro y no lleva azúcar. Dependiendo de la cantidad de azúcar que se le agregue, el licor de chocolate se convierte en el conocido chocolate semi amargo o en chocolate dulce. Al agregarle sólidos de la leche se obtiene el chocolate de leche. Siempre use el tipo de chocolate que se le pida en una receta, ya que las diferentes variedades se comportan diferente por lo que no deben sustituirse.

BLONDIES

Precaliente el horno a 180ºC (350ºF). Engrase un molde cuadrado de 20 cm (8 in). Cubra el fondo con papel encerado (para hornear) y engrase el papel.

Cierna la harina con la sal sobre una hoja de papel encerado y reserve.

En una olla sobre calor medio, mezcle la mantequilla con el azúcar mascabado. Caliente, moviendo con frecuencia, hasta que el azúcar se haya disuelto. Continúe cocinando 1 minuto más; la mezcla burbujeará pero no hervirá. Deje reposar durante 10 minutos para que se enfríe.

Agregue el huevo, yema de huevo y vainilla a la mezcla fría de azúcar y mezcle con una cuchara de madera para integrar. Espolvoree la harina cernida y sal sobre la mezcla de azúcar e integre.

Vierta la mezcla en el molde preparado, extendiéndola uniforme-mente con una espátula y aplanando la superficie. Hornee de 25 a 35 minutos, hasta que el centro rebote al tacto y un palillo de madera insertado en el centro salga limpio. No hornee demasiado. Pase el molde a una rejilla de alambre hasta que esté lo suficientemente frío para poder tocarlo.

Pase un cuchillo pequeño alrededor del interior del molde para desprender la galleta. Invierta sobre una rejilla, levante el molde y retire el papel con cuidado. Deje enfriar totalmente sobre la rejilla antes de cortar en cuadros de 5 cm (2 in).

RINDE 16 BARRAS

ACERCA DEL AZÚCAR MASCABADO

El azúcar mascabado es azúcar granulada combinada con melaza para hacer un edulcorante suave y sabroso. Viene en dos presentaciones, claro y oscuro. El claro o dorado, (vea fotografía superior) contiene una cantidad relativamente pequeña de melaza y proporciona un sabor delicado y un color más claro a las galletas. El azúcar mascabado oscuro, que tiene una mayor proporción de melaza, es más húmedo y tiene un sabor más fuerte. Para medir el azúcar mascabado, colóquelo en una taza de medir y apriete lo más posible. Deberá mantener la forma de la taza cuando lo saque de ella.

1 taza (155 g/5 oz) más 2 cucharadas de harina de trigo (simple)

¼ cucharadita de sal

½ taza (125 g/4 oz) de mantequilla sin sal

1½ taza (330 g/10½ oz) compacta de azúcar mascabado

1 huevo más 1 yema de huevo, a temperatura ambiente

1½ cucharadita de extracto (esencia) de vainilla

SÁNDWICHES DE GALLETA DE CHOCOLATE

¾ taza (185 g/6 oz) de mantequilla sin sal, a temperatura ambiente

¾ taza (185 g/6 oz) de azúcar granulada

2 huevos

1 cucharadita de extracto (esencia) de vainilla

½ taza (75 g/2½ oz) de harina de trigo (simple)

½ taza (45 g/1½ oz) de cocoa en polvo sin edulcorantes estilo holandés

¼ cucharadita de polvo para hornear

¼ cucharadita de bicarbonato de sodio

⅛ cucharadita de sal

PARA EL RELLENO DE CREMA DE CACAHUATE:

4 cucharadas (60 g/2 oz) de mantequilla sin sal, a temperatura ambiente

½ taza (60 g/2 oz) de azúcar glass

½ taza (155 g/2 oz) de crema de cacahuate

½ cucharadita de extracto (esencia) de vainilla

En un tazón grande, usando una batidora eléctrica a velocidad alta, o una cuchara de madera, acreme la mantequilla hasta que se esponje y se torne amarilla clara. Agregue la azúcar granulada y continúe batiendo hasta que la mezcla ya no se sienta arenosa cuando la frote entre sus dedos índice y pulgar. Agregue los huevos y la vainilla y mezcle o bata a velocidad baja hasta integrar.

Cierna la harina con la cocoa, polvo para hornear, bicarbonato de sodio y sal sobre una hoja de papel encerado. Agregue a la mezcla de mantequilla y bata o mezcle hasta integrar. Tape y refrigere la masa aproximadamente 2 horas, hasta que esté firme.

Precaliente el horno a 180ºC (350ºF). Engrase ligeramente 2 charolas para hornear.

Humedezca sus manos y forme bolas de 2 cm (¾ in) con la masa y coloque sobre las charolas para hornear dejando una separación de 5 cm (2 in) entre ellas. Usando una espátula o la parte inferior de un vaso espolvoreado con cocoa para evitar que se pegue, presione cada bola de masa para aplanarla ligeramente. Hornee las galletas de 10 a 12 minutos, hasta que estén firmes al tacto. Pase las galletas a rejillas de alambre para que se enfríen totalmente.

Mientras tanto, prepare el relleno de crema de cacahuate. Mezcle la mantequilla, azúcar glass, crema de cacahuate y extracto de vainilla en un tazón grande. Bata con una cuchara de madera hasta mezclar y suavizar. Tape y refrigere hasta que las galletas estén frías.

Unte la parte plana de la mitad de las galletas con 1½ cucharadita del relleno de crema de cacahuate. Cubra cada una con una segunda galleta, colocando la parte plana hacia abajo. Presione ligeramente para hacer un sándwich de galleta.

Para almacenar: Almacene estas galletas tapadas herméticamente en un lugar seco o refrigere en clima cálido.

RINDE APROXIMADAMENTE 3 DOCENAS DE GALLETAS RELLENAS

CREMA DE CACAHUATE

Hecha al moler cacahuates asados y secos para formar una pasta, la crema de cacahuate es un alimento preferido tanto de jóvenes como de ancianos. Viene en dos presentaciones: cremosa o suave y con trocitos, o sea con cacahuates finamente picados. Las cremas de cacahuate naturales se hacen sin los aditivos que facilitan su untado. Tienen una consistencia ligeramente granosa y una capa de aceite en la superficie que debe mezclarse antes de usarse.

GALLETAS BLANCO Y NEGRO

GALLETAS DE CONGELADOR

También conocidas como galletas de refrigerador, las galletas de congelador están hechas dando forma de barra o bloque rectangular a la masa y congelándola totalmente. También puede usar diferentes tipos de masa unidos, vainilla y chocolate, crema de cacahuate y chocolate, para hacer las galletas a cuadros. Posteriormente se rebanan las galletas de la barra y se hornean. Cuando rebane la masa, gire el bloque o barra un cuarto de vuelta después de cada docena de rebanadas para mantener las galletas perfectamente cuadradas o redondas.

Engrase ligeramente 2 charolas para hornear o cubra con papel encerado. Reserve.

En un procesador de alimentos, mezcle la harina, azúcar y sal. Agregue los trozos de mantequilla en 2 tandas, pulsando después de cada adición, hasta que la mezcla tenga la consistencia de migas gruesas. Agregue la yema de huevo y la vainilla; pulse hasta que la masa se mantenga unida.

Divida la masa a la mitad. Pase una mitad a una superficie de trabajo ligeramente enharinada y amase, agregue la cocoa hasta incorporar por completo.

Espolvoree ligeramente con harina la superficie de trabajo y un rodillo. Extienda cada mitad de masa formando un rectángulo de 7.5 x 23 cm (3 x 9 in), de 12 mm a 2 cm (½–¾ in) de grueso; recorte las orillas para emparejar. Coloque cada rectángulo sobre una charola de hornear grande y tape con plástico adherente. Refrigere cerca de 30 minutos, hasta que estén muy fríos. Mientras tanto, en un tazón pequeño, bata el huevo entero hasta incorporar por completo. Reserve.

Retire la masa del refrigerador. Usando un cuchillo filoso, corte cada rectángulo en 4 tiras de aproximadamente 2 cm (¾ in) de grueso (deberá tener 4 tiras de cada color). Acomode 2 tiras de masa chocolate y 2 tiras de masa simple haciendo un diseño a cuadros, barnizando con huevo batido en medio de las tiras y presionando suavemente para unir. Repita la operación con la masa restante. Envuelva en plástico adherente y use un cuchillo para emparejar las orillas de cada barra cuadrada. Refrigere cerca de 30 minutos, hasta que estén muy frías. Precaliente el horno a 180ºC (350ºF).

Retire las barras del refrigerador, desenvuelva y corte cada una a lo ancho en rebanadas de 6 mm (¼ in) de grueso. Coloque sobre las charolas preparadas dejando una separación de 4 cm (1½ in) entre ellas y hornee aproximadamente 15 minutos, hasta que se sientan firmes cuando se presionen ligeramente. Deje reposar las galletas sobre las charolas de hornear durante 2 minutos antes de usar una espátula para pasarlas a rejillas de alambre para que se enfríen completamente.

RINDE APROXIMADAMENTE 5 DOCENAS DE GALLETAS

2 tazas (315 g/10 oz) de harina de trigo (simple)

½ taza (125 g/4 oz) de azúcar

Una pizca de sal

1 taza (250 g/8 oz) de mantequilla sin sal, cortada en trozos pequeños

1 huevo entero, más 1 yema de huevo

½ cucharadita de extracto (esencia) de vainilla

3 cucharadas de cocoa en polvo sin edulcorantes estilo holandés

BOLAS DE MANTEQUILLA Y NUEZ

2 tazas (250 g/8 oz) de nueces

1 taza (250 g/8 oz) de mantequilla sin sal, a temperatura ambiente

¾ taza (250 g/8 oz) de mantequilla sin sal, a temperatura ambiente

1 huevo, separado

1½ cucharadita de extracto (esencia) de vainilla

2 tazas (315 g/10 oz) de harina de trigo (simple)

½ cucharadita de sal

¼ cucharadita de polvo para hornear

½ taza (125 g/4 oz) de cristales gruesos de azúcar multicolor

En un procesador de alimentos, muela finamente las nueces (vea explicación a la derecha). Separe ¾ taza (90 g/3 oz) de nueces para la masa. Reserve las nueces molidas restantes para cubrir las galletas.

En un tazón grande, usando una batidora eléctrica a velocidad alta, o una cuchara de madera, acreme la mantequilla hasta que se esponje y se torne amarilla clara. Agregue el azúcar mascabado y continúe batiendo hasta que la mezcla ya no se sienta arenosa cuando la frote entre sus dedos índice y el pulgar. Agregue la yema de huevo y la vainilla y bata a velocidad baja o mezcle hasta integrar por completo.

Cierna la harina con la sal y polvo para hornear sobre una hoja de papel encerado. Agregue gradualmente la mezcla de harina a la mezcla de mantequilla, batiendo a velocidad baja, o integrando con una cuchara de madera, hasta incorporar por completo. Integre ¾ taza (90 g/3 oz) de nueces molidas justo hasta incorporar.

Precaliente el horno a 180ºC (350ºF). Prepare 2 charolas de hornear. Engrase las charolas o cúbralas con papel encerado (para hornear), O, si lo desea, prepare aproximadamente 4 docenas de bomboneras miniatura de papel. Extienda las nueces molidas restantes en un tazón poco profundo. Bata ligeramente la clara de huevo en un tazón pequeño.

Enharine sus manos y haga bolas de masa de 2 cm (¾ in). Barnice las bolas ligeramente con clara de huevo y revuelque en las nueces para cubrir ligeramente. Coloque cada bola en una bombonera, si las usa. Coloque las galletas sobre las charolas preparadas, dejando una separación de 2.5 cm (1 in) entre ellas. Coloque los cristales de azúcar en un tazón poco profundo y reserve.

Hornee de 15 a 18 minutos, hasta que las bases estén ligeramente doradas. Deje enfriar ligeramente en las charolas sobre rejillas de alambre. Usando una espátula de metal flexible, retire las galletas calientes de las charolas para hornear y revuélquelas en los cristales de azúcar para cubrirlas o espolvoree el azúcar sobre las bolas si las colocó en bomboneras. Deje enfriar totalmente sobre rejillas de alambre.

RINDE APROXIMADAMENTE 5 DOCENAS DE GALLETAS

MOLIENDO NUECES

Para moler nueces, use un molino de nueces con manija o muela en un procesador de alimentos con pulsaciones cortas para obtener una textura gruesa. Si usa un procesador de alimentos, tenga cuidado de no moler las nueces demasiado, ya que resultaría una pasta suave que soltaría sus aceites y disminuiría su sabor. Para obtener los mejores resultados, mezcle las nueces con un poco de la harina o azúcar que se pide en la receta y no procese más de 5 ó 10 segundos a la vez.

BOCADOS DE CHOCOLATE CRUJIENTE

Engrase ligeramente 2 charolas para hornear o cubra con papel encerado (para hornear). Reserve

En una olla pequeña sobre calor muy bajo, mezcle la mantequilla con el chocolate. Cocine, moviendo ocasionalmente, justo hasta que se derrita y la mezcla esté suave.

Vierta la mezcla de chocolate en un tazón grande y deje enfriar ligeramente. Integre el azúcar granulada hasta que esté uniformemente húmeda. Agregue el huevo y la vainilla, batiendo hasta que esté ligera y esponjosa.

Cierna la harina con la cocoa, bicarbonato de sodio y sal sobre una hoja de papel encerado. Gradualmente agregue la mezcla de harina a la mezcla de chocolate e integre. Tape y refrigere aproximadamente 1 hora, hasta que esté firme.

Precaliente el horno a 190ºC (375ºF). Retire la masa de galletas del refrigerador. Forme bolas de 2 cm (¾ in) con la masa y revuelque en el azúcar glass para cubrir totalmente. Coloque las bolas sobre las charolas preparadas dejando una separación de 4 cm (1½ in) entre ellas. Hornee las galletas aproximadamente 12 minutos, hasta que se esponjen y se rompan en la superficie. Quizás se vean un poco crudas en el centro pero se harán crujientes a medida que se enfríen. Deje enfriar sobre las charolas de hornear 2 ó 3 minutos. Posteriormente, pase directamente a una rejilla de alambre para que se enfríen totalmente.

6 cucharadas (90 g/3 oz) de mantequilla sin sal, cortada en trozos

60 g (2 oz) de chocolate amargo, picado

1 taza (250 g/8 oz) de azúcar granulada

1 huevo

1 cucharadita de extracto (esencia) de vainilla

¾ taza (125 g/4 oz) de harina de trigo (simple)

¼ taza (20 g/¾ oz) de cocoa en polvo sin edulcorantes estilo holandés

½ cucharadita de bicarbonato de sodio

¼ cucharadita de sal

½ taza (60 g/2 oz) de azúcar glass

COCOA EN POLVO
Este polvo rico y aterciopelado se hace al retirar prácticamente toda la mantequilla de cacao del licor de chocolate y posteriormente molerlo para hacer un polvo sin edulcorantes. No confunda la cocoa en polvo con mezclas de cocoa dulce. La cocoa estilo holandés, se alcaliniza o se trata con un alcalino para hacerla más suave que la cocoa no alcalinizada. Cualquiera de las dos se puede usar en esta receta.

RINDE APROXIMADAMENTE 3½ DOCENAS DE GALLETAS

GALLETAS PARA FIESTA

Tentadoras y dulces, las galletas son el perfecto alimento para las fiestas. En este capítulo encontrará recetas perfectas para cada ocasión, desde una despedida de soltera hasta una reunión de Noche Buena. Agregue un toque elegante a cualquier mesa de postres con unas galletas espolvoreadas con azúcar y adornadas con jalea de frambuesa o unas tejas de almendra. Cada una de las delicias que presentamos a continuación se prepara fácilmente y también tiene una bella presentación.

GALLETAS RUBÍ

Precaliente el horno a 180ºC (350ºF). Tenga a la mano 2 charolas para hornear sin engrasar o diminutos moldes para panqué y, si lo desea, aproximadamente 5 docenas de cubiertas para panqué miniatura.

En un tazón pequeño, bata las yemas de huevo con la mantequilla; reserve.

Mezcle la harina con la azúcar granulada en un procesador de alimentos y mezcle hasta integrar. Con el procesador encendido, agregue la mantequilla poniendo 2 ó 3 trozos a la vez y procese hasta que la mezcla esté grumosa. Con el procesador aún encendido, añada la mezcla de yema de huevo y procese hasta integrar y que la masa empiece a separarse en los lados del tazón.

Pase la masa a una hoja de plástico adherente y haga un disco plano. Envuelva y refrigere cerca de 1 hora, hasta que esté muy fría.

Enharine ligeramente sus manos y haga bolas de 2 cm (¾ in) con la masa. Coloque cada bola en una bombonera miniatura de papel, si las usa. Coloque las galletas sobre las charolas de hornear o moldes para panqué, dejando una separación de 2.5 cm (1 in) entre ellas.

Usando la punta del mango de una cuchara de madera sumergida en harina para evitar que se pegue, haga una hendidura en el scentro de cada galleta, pero no presione hasta atravesar la masa. Usando una cuchara o una manga de repostería adaptada con una punta sencilla (página 53), llene cada hendidura con aproximadamente ¼ cucharadita de jalea.

Hornee las galletas de 15 a 20 minutos, hasta que las orillas estén doradas. Deje que se enfríen totalmente en las charolas de hornear, colocadas sobre rejillas de alambre. (Si hornea en charolas sin bomboneras de papel, use una espátula delgada para desprender las galletas cuidadosamente mientras aún estén calientes). Pase las galletas frías directamente a rejillas de alambre y, usando un colador de malla fina, espolvoree con azúcar glass.

RINDE 5 DOCENAS DE GALLETAS

ESPOLVOREANDO CON AZÚCAR

Al cernir la delicada azúcar glass sobre las galletas les agrega un bello toque final. El azúcar glass, también llamado azúcar de repostería o azúcar pulverizada, es azúcar granulada que ha sido molida finamente y mezclada con un poco de fécula de maíz. Siempre cierna el azúcar glass antes de agregarla a la masa de galletas o usarla para decorar, ya que tiende a formar diminutas bolas. Para espolvorear galletas, coloque el azúcar en un cernidor o un colador de malla fina y golpéelo suavemente a medida que lo mueve sobre las galletas.

2 yemas de huevo

1 cucharadita de extracto (esencia) de vainilla

2¼ taza (360 g/1½ oz) de harina de trigo (simple)

⅔ taza (155 g/5 oz) de azúcar granulada

1 taza (250 g/8 oz) de mantequilla sin sal sin sal fría, cortada en trozos pequeños

⅓ taza (105 g/3½ oz) aproximadamente de jalea de frambuesa u otra jalea espesa

Azúcar glass (para repostería), para espolvorear

GALLETAS DE ARENA DE ALMENDRA

⅔ taza (155 g/5 oz) de azúcar

½ taza (75 g/2½ oz) de almendras sin piel y picadas, más ¾ taza (125 g/4 oz) de almendras enteras

¾ taza (180 ml/6 fl oz) de mantequilla clarificada (vea explicación a la derecha), ligeramente fría

¼ cucharadita de extracto (esencia) de vainilla

1¾ taza (280 g/9 oz) de harina de trigo (simple)

2 cucharaditas de polvo para hornear

Una pizca de sal

1 clara de huevo, ligeramente batida

En un procesador de alimentos, mezcle el azúcar con las almendras picadas y muela finamente usando pulsaciones cortas (página 37).

En un tazón grande, incorpore la mantequilla clarificada con la mezcla de almendras. Mueva con una cuchara de madera hasta que la mezcla esté uniformemente húmeda. Incorpore el extracto de almendras.

Cierna la harina con el polvo para hornear y sal sobre una hoja de papel encerado. Incorpore la mezcla de harina a la mezcla de mantequilla e integre.

Precaliente el horno a 150ºC (300ºF). Engrase ligeramente 2 charolas para hornear o cúbralas con papel encerado (para hornear).

Enharine ligeramente sus manos y haga bolas de 2 cm (¾ in) con la masa. Coloque sobre las charolas de hornear dejando una separación de 2.5 cm (1 in) entre ellas. Barnice ligeramente la superficie de cada bola con la clara de huevo batida y presione una almendra entera en el centro de la galleta. Apriete las grietas que aparezcan alrededor de las orillas de las galletas.

Hornee aproximadamente 20 minutos, hasta que se doren las galletas. Deje que se enfríen totalmente en las charolas colocadas sobre rejillas de alambre antes de retirarlas cuidadosamente con una espátula delgada.

Preparación por Adelantado: Estas galletas saben mejor cuando se hacen con anticipación ya que su sabor mejora después de 2 ó 3 días. Almacene las galletas entre capas de papel encerado en un recipiente hermético hasta por una semana

RINDE APROXIMADAMENTE 3½ DOCENAS DE GALLETAS

MANTEQUILLA CLARIFICADA

La mantequilla clarificada proporciona un intenso sabor a estas galletas. Para dorar la mantequilla, derrita 1 taza (250 g/8 oz) de mantequilla, cortada en trozos, en una sartén sobre calor medio, hasta que suelte espuma. Reduzca a calor bajo y cocine cerca de 5 minutos, hasta que la espuma de las orillas empiece a dorarse. Retire del fuego y vierta en una jarra o tazón de medir térmico. Deje reposar durante 5 minutos. Retire la espuma que salga a la superficie y vierta el líquido claro a un recipiente limpio, eliminando los trocitos dorados. Deberá obtener aproximadamente ¾ taza (180 ml/6 fl oz).

GALLETAS NAPOLITANAS

En un tazón grande, usando una batidora eléctrica a velocidad alta, acreme la mantequilla hasta que se esponje y se torne amarilla clara. Agregue el azúcar y continúe batiendo hasta que la mezcla ya no se sienta arenosa. Integre el huevo, vainilla y sal a velocidad baja hasta incorporar por completo. Cierna la harina con el polvo para hornear sobre una hoja de papel encerado y gradualmente integre a la mezcla de mantequilla hasta incorporar por completo.

Divida la masa uniformemente en 3 tazones. Agregue el chocolate y las nueces en el primer tazón, el colorante vegetal en el segundo tazón y la nuez moscada en el tercer tazón e integre.

Cubra un molde de barra de 23 x 13 cm (9 x 5 in) con una hoja de papel encerado, permitiendo que cuelgue en las orillas 7.5 cm (3 in). Pase la masa de nuez al molde y, con una pequeña espátula de repostería, presione para hacer una capa uniforme. Aplane la masa con las yemas de sus dedos. Deje caer cucharaditas de la masa color de rosa sobre la masa de nuez y presione para hacer una capa uniforme. Aplane con las yemas de sus dedos. Repita la operación con la masa de chocolate. Doble el papel encerado sobre la superficie y presione para aplanar y comprimir las capas. Refrigere por lo menos durante 24 horas o hasta 2 días, hasta que esté firme.

Precaliente el horno a 180ºC (350ºF). Engrase ligeramente 2 charolas para hornear o cúbralas con papel encerado (para hornear). Use el papel para levantar la masa del molde. Invierta sobre una tabla de madera y retire el papel. Usando un cuchillo largo y delgado, córtela a la mitad a lo largo. Corte a lo ancho en rebanadas de 6 mm (¼ in) de espesor para hacer galletas a rayas.

Pase las rebanadas a las charolas preparadas, dejando una separación de por lo menos 4 cm (1½ in) entre ellas. Hornee las galletas aproximadamente 15 minutos, hasta que estén firmes y ligeramente doradas en la base. Deje que se enfríen en las charolas colocadas sobre rejillas de alambre durante unos cuantos minutos antes de pasarlas directamente a las rejillas para que se enfríen por completo.

RINDE APROXIMADAMENTE 6 DOCENAS DE GALLETAS

NUEZ MOSCADA

La nuez moscada, una semilla ovalada y de color café de una fruta suave, tiene un sabor dulce, cálido y especiado. Dentro de la fruta se encuentra la semilla de nuez moscada cubierta por una cáscara ondulada de color rojo, que cuando se retira y muele, se obtiene una especia llamada macis. En pequeñas cantidades, la nuez moscada actúa como un saborizante suave en platillos sazonados, pero se usa más frecuentemente para sazonar platillos dulces, desde natillas y pasteles hasta galletas. La nuez moscada entera mantiene su sabor mucho más tiempo que la molida. Siempre ralle la nuez moscada justo antes de usarla. Use las raspas más finas de un rallador de verduras o un rallador especial para nuez moscada.

1 taza (250 g/8 oz) de mantequilla sin sal, a temperatura ambiente

1¼ taza (315 g/10 oz) de azúcar

1 huevo

1 cucharadita de extracto (esencia) de vainilla

¼ cucharadita de sal

2¼ tazas (360 g/11½ oz) de harina de trigo (simple)

1¼ cucharadita de polvo para hornear

30 g (1 oz) de chocolate amargo, picado, derretido y ligeramente frío (página 50)

¼ taza (30 g/1 oz) de nueces, finamente picadas

1 o 2 gotas de colorante vegetal rojo

¼ cucharadita de nuez moscada recién rallada

BARRAS DE CHOCOLATE Y ESPRESSO

¾ taza (125 g/4 oz) de harina de trigo (simple)

½ taza (45 g/1½ oz) de cocoa en polvo sin edulcorantes estilo holandés

3 cucharadas de espresso instantáneo en polvo o café instantáneo en polvo

¼ cucharadita de polvo para hornear

¼ cucharadita de sal

½ taza (125 g/4 oz) de mantequilla sin sal, cortada en trozos

60 g (2 oz) de chocolate semi amargo, picado toscamente

2 huevos

1 taza (220 g/7 oz) compacta de azúcar mascabado

1 cucharadita de extracto (esencia) de vainilla

PARA EL GLASEADO:

¼ taza (60 ml/2 fl oz) de crema dulce para batir

1 cucharadita de espresso instantáneo en polvo

125 g (4 oz) de chocolate semi amargo, picado

Una pizca de sal

16 granos de café cubiertos con chocolate (opcional)

Precaliente el horno a 180ºC (350ºF). Engrase generosamente un refractario cuadrado de 20 cm (8 in).

Cierna la harina con la cocoa en polvo, espresso en polvo, polvo para hornear y sal en un tazón; reserve.

Mezcle la mantequilla con el chocolate en una olla pequeña y gruesa y coloque sobre calor bajo, moviendo ocasionalmente, cerca de 2 minutos, hasta que se derritan. Retire del fuego y deje enfriar ligeramente.

En un tazón, bata los huevos con el azúcar mascabado hasta integrar. Gradualmente integre la mezcla de chocolate derretido hasta incorporar. Integre la vainilla, agregue la mezcla de harina e incorpore por completo.

Vierta la masa en el molde preparado. Hornee aproximadamente 25 minutos, hasta que las orillas se separen de los lados del molde y el centro rebote al tacto. Deje enfriar en el molde sobre una rejilla de alambre.

Mientras tanto, haga el glaseado. En una olla pequeña sobre calor medio, mezcle la crema dulce con el espresso en polvo y caliente, moviendo, justo hasta que el polvo se disuelva y empiecen a aparecer burbujas alrededor de la orilla de la olla. Agregue el chocolate y la sal, retire del fuego y mezcle hasta que se derrita el chocolate. Deje enfriar a temperatura ambiente.

Usando una pequeña espátula de repostería, unte una capa delgada del glaseado frío sobre la galleta. Refrigere aproximadamente 30 minutos, hasta que el glaseado esté firme. Corte en barras de 4 x 6 cm (1½ x 2½ in) o en cuadros de 5 cm (2 in). Si lo desea, cubra cada barra con un grano de café cubierto con chocolate.

RINDE 16 BARRAS

ESPRESSO

El espresso instantáneo en polvo ofrece la forma más práctica de impartir un rico sabor a café a las galletas, dulces y pasteles. Se vende en los mercados de alimentos bien surtidos y en tiendas especializadas en café. El fino polvo se disuelve rápidamente en líquido caliente para producir un sabor más atrevido y concentrado que el de un café instantáneo regular. Sin embargo, este sabor intenso viene con una gran dosis de cafeína, por lo que si usted es sensible a los efectos de la cafeína, busque una marca de espresso instantáneo en polvo etiquetada con el nombre de "descafeinado".

GALLETAS CRUJIENTES DE ALMENDRA CON CHOCOLATE

En un tazón grande, usando una batidora eléctrica a velocidad alta, acreme la mantequilla hasta que se esponje y torne amarilla clara. Agregue el azúcar mascabado y continúe batiendo a velocidad alta hasta que la mezcla ya no se sienta arenosa cuando la frote entre sus dedos índice y pulgar. Agregue el huevo y la vainilla y bata a velocidad baja hasta integrar.

Cierna la harina con el polvo para hornear y la sal sobre una hoja de papel encerado. Agregue a la mezcla de mantequilla y bata a velocidad baja, o integre con una cuchara de madera, hasta integrar por completo. Incorpore las almendras.

Precaliente el horno a 200ºC (400ºF). Tenga listas 2 charolas para hornear sin engrasar, de preferencia antiadheribles.

Deje caer cucharaditas rasas de la masa sobre las charolas de hornear, dejando una separación de por lo menos 5 cm (2 in) entre ellas. Hornee cerca de 5 minutos, hasta que las orillas se doren pero las galletas estén aún suaves. Deje que las galletas se enfríen en las charolas sobre rejillas de alambre exactamente durante 5 minutos antes de pasarlas con mucho cuidado directamente a las rejillas para que se enfríen totalmente.

Para hacer el glaseado de chocolate, coloque el chocolate y la manteca, si la usa, en la parte superior de un hervidor doble sobre agua hirviendo a fuego lento (vea explicación a la izquierda) y mezcle hasta que se derrita e incorpore. O, si lo desea, mezcle en un tazón de vidrio y caliente en el microondas a temperatura alta durante 1 minuto, o hasta que esté brillante y suave. Mezcle para emparejar la textura.

Usando los dientes de un tenedor, adorne la superficie de una galleta ya fría con el chocolate. Repita la operación con las galletas restantes. Coloque sobre una rejilla de alambre y deje enfriar cerca de 1 hora, hasta que esté firme. Para apurar el enfriamiento, refrigere las galletas durante 15 minutos.

Nota: Si desea que el glaseado de chocolate se mantenga brillante después de haberse enfriado, agregue manteca vegetal, lo cual también evitará que el glaseado se rompa

RINDE APROXIMADAMENTE 6 DOCENAS DE GALLETAS

DERRITIENDO CHOCOLATE

Para derretir chocolate sin quemarlo, use un hervidor doble (baño maría), el cual consta de dos ollas, una dentro de la otra, y se usa para calentar suavemente. Vierta agua en la olla inferior, a poca profundidad para que no toque la olla superior. Caliente el agua a fuego lento y coloque el chocolate en la olla superior. Ajuste la temperatura para mantener el agua hirviendo a fuego lento. El mínimo contacto con la humedad puede hacer que el chocolate se endurezca, por lo que debe asegurarse de que las ollas queden apretadas y no se escape el vapor. (Si no tiene un hervidor doble, haga uno usando una olla y un tazón refractario que quepa en la olla y quede apretado).

½ taza (125 g/4 oz) de mantequilla sin sal, a temperatura ambiente

1 taza (220 g/7 oz) compacta de azúcar mascabado claro

1 huevo

1 cucharadita de extracto (esencia) de vainillas

¾ taza (125 g/4 oz) de harina de trigo (simple)

1 cucharadita de polvo para hornear

½ cucharadita de sal

½ taza (60 g/2 oz) de almendras, finamente picadas

PARA EL GLASEADO DE CHOCOLATE:

185 g (6 oz) de chocolate semi amargo, picado

1 cucharadita de manteca vegetal sólida (opcional; vea Nota)

GALLETAS DE CREMA DE CACAHUATE

½ taza (125 g/4 oz) de mantequilla sin sal, derretida

½ taza (105 g/3½ oz) compacta de azúcar mascabado claro

½ taza (125 g/4 oz) de azúcar granulada

1 taza (315 g/10 oz) de crema de cacahuate sin trocitos

1 huevo

1 cucharadita de extracto (esencia) de vainilla

1⅓ taza (220 g/7 oz) de harina de trigo (simple)

½ cucharadita de polvo para hornear

½ cucharadita de bicarbonato de sodio

½ cucharadita de sal

90 g (3 oz) de chocolate semi amargo, derretido (opcional; página 50)

En un tazón grande, usando una batidora eléctrica a velocidad media o con una cuchara de madera, bata la mantequilla derretida, azúcar mascabado y granulada, crema de cacahuate, huevo y vainilla hasta incorporar por completo.

Cierna la harina con el polvo para hornear, bicarbonato de sodio y sal sobre una hoja de papel encerado. Agregue la mezcla de harina a la mezcla de mantequilla e integre a velocidad baja, o mezcle con una cuchara de madera, justo hasta incorporar por completo. Tape y refrigere aproximadamente 2 horas, hasta que esté firme.

Precaliente el horno a 180ºC (350ºC). Engrase generosamente 2 charolas para hornear. Humedezca sus manos, forme bolas de 2.5 cm (1 in) con la masa. Coloque sobre las charolas preparadas dejando una separación de 5 cm (2 in) entre ellas. Usando los dientes de un tenedor, presione ligeramente sobre cada bola de masa para aplanarla ligeramente y hacer un diseño de hendiduras paralelas.

Hornee de 12 a 15 minutos, hasta que las bases estén doradas. Deje que las galletas se enfríen brevemente en las charolas. Usando una espátula ancha y flexible de metal, pase las galletas calientes a las rejillas de alambre y deje enfriar por completo.

Si lo desea, use una manga de repostería adaptada con una punta delgada para poner chocolate derretido dentro de las hendiduras de cada galleta (vea explicación a la derecha).

RINDE APROXIMADAMENTE 3 DOCENAS DE GALLETAS

MANGAS DE REPOSTERÍA

Para dar a estas galletas un toque decorativo, agregue chocolate derretido a las hendiduras hechas con los dientes de un tenedor: Adapte una manga de repostería con una punta recta sumamente delgada. Doble la orilla de la manga de repostería, creando un puño y no llene la manga a más de la mitad con el chocolate. Desdoble la parte superior y gire para apretar el chocolate firmemente hacia la punta. Deteniendo la manga en un ángulo de 45 grados con una mano, y manteniendo un espacio pequeño entre la punta y la galleta, presione la manga para poner el chocolate en líneas uniformes.

TEJAS DE AZÚCAR MASCABADO

Precaliente el horno a 180ºC (350ºF). Cubra una charola de hornear con papel encerado (para hornear).

Mezcle las claras de huevo con el azúcar mascabado, vainilla y sal en un tazón grande y bata hasta suavizar. Agregue la mantequilla y la harina y mezcle hasta incorporar por completo.

Usando 1 cucharada de la masa para cada galleta, haga círculos de 10 cm (4 in) con una espátula para betún o una pequeña espátula de repostería sobre las charolas para hornear preparadas. Espolvoree cada galleta con aproximadamente 1 cucharadita de las nueces, si las usa. No haga más de 5 galletas a la vez.

Hornee las galletas de 6 a 8 minutos, hasta que las orillas estén cafés y el centro dorado. Retire la charola para hornear del horno. Trabajando rápidamente mientras las galletas están aún muy calientes, levántelas de la charola para hornear cuidadosamente con una espátula ancha. Coloque las galletas sobre un rodillo u otro cilindro grande y uniforme. Deje enfriar cerca de 1 minuto. Las galletas se harán firmes rápidamente pero aún estarán frágiles. Páselas cuidadosamente a una rejilla de alambre y deje enfriar por completo.

Forme y hornee las galletas restantes en tandas, trabajando sólo con 4 ó 5 galletas a la vez. Deje enfriar por completo.

Para Servir: Para hacer un postre elegante, sirva estas galletas acompañadas de una bola de helado de vainilla.

RINDE APROXIMADAMENTE 20 GALLETAS

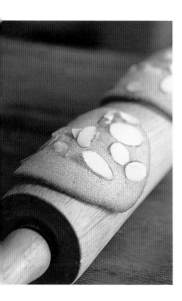

ACERCA DE LAS TEJAS
Tejas, que viene del francés tuile, da su nombre a estas delicadas galletas pues nos recuerda las tejas curvas de terracota que se encuentran tradicionalmente sobre los tejados del Mediterráneo. Se hacen al poner masa sobre una charola para hornear y después dándoles forma de un círculo uniforme, grande y delgado. Siempre hornee las tejas en tandas pequeñas y esté listo para darles forma tan pronto salgan del horno: usando una espátula ancha de metal flexible, levante cada galleta caliente de la charola y colóquela sobre un rodillo, una botella delgada o un objeto similar. Tan pronto las galletas estén duras, antes de 1 minuto, páselas cuidadosamente a una rejilla de alambre, hasta que se enfríen por completo.

2 claras de huevo

½ taza (105 g/3½ oz) compacta de azúcar mascabado claro

1 cucharadita de extracto (esencia) de vainilla

Una pizca de sal

6 cucharadas (90 g/3 oz) de mantequilla sin sal, derretida y fría

½ taza (75 g/2½ oz) de harina de trigo (simple)

½ taza (60 g/2 oz) de almendras rebanadas o pistaches finamente picados (opcional)

CIGARRILLOS RUSOS

6 cucharadas (90 g/3 oz) de mantequilla sin sal, a temperatura ambiente

1 taza (125 g/4 oz) de azúcar glass (para repostería)

4 claras de huevo, a temperatura ambiente

2 cucharaditas de extracto (esencia) de vainilla

²/₃ taza (90 g/3 oz) de harina de trigo (simple)

⅛ cucharadita de sal

PARA EL CHOCOLATE DERRETIDO:

90 g (3 oz) de chocolate semi amargo, picado

1½ cucharadita de mantequilla sin sal

1 cucharadita de miel de maíz clara

Precaliente el horno a 220ºC (425ºF). Engrase 2 charolas para hornear o cubra con individuales de silicón (vea explicación a la derecha).

En un tazón grande, usando una batidora eléctrica a velocidad alta, acreme la mantequilla hasta que esté esponjosa y se torne amarilla clara. Agregue gradualmente el azúcar glass y continúe batiendo hasta integrar por completo. Añada las claras de huevo, una cuarta parte cada vez, batiendo después de cada adición. Añada la vainilla y bata hasta integrar por completo.

Cierna la harina con la sal sobre una hoja de papel encerado. Incorpore gradualmente la mezcla de harina con la mezcla de mantequilla.

Deje caer la masa en cucharadas sobre una charola preparada, dejando un espacio de 13 cm (5 in) entre ellas y formando únicamente 4 galletas. (Las galletas deben hornearse en tandas pequeñas, debido a que una vez horneadas, se les debe dar forma rápidamente antes de que se enfríen). Usando una espátula de repostería ligeramente húmeda o el mango de una cuchara, haga pequeños rollos de galleta de aproximadamente 7.5 x 10 cm (3–4 in).

Hornee las galletas cerca de 3 minutos, hasta que se doren en las orillas. Mientras tanto, prepare una segunda tanda sobre la charola restante. Retire las galletas horneadas del horno. Trabajando con rapidez, use una espátula delgada de metal flexible para retirar 1 galleta horneada a la vez y envuelva alrededor del mango de una cuchara de madera para hacer un tubo hueco. Pase a una rejilla de alambre y deje enfriar; repita la operación con las 3 galletas restantes. Si las galletas se enfrían, para poder darles forma, vuelva a colocarlas en el horno durante 30 segundos para suavizarlas. Continúe horneando y enrollando la masa restante.

Para hacer el chocolate derretido, mezcle el chocolate con la mantequilla y la miel de maíz en la parte superior de un hervidor doble sobre agua hirviendo a fuego lento (página 50); mezcle hasta que se derrita e incorpore. Deje enfriar ligeramente. Remoje aproximadamente 2.5 cm (1 in) de cada galleta en el chocolate. Coloque sobre una rejilla de alambre, sin que la punta sumergida toque la rejilla, hasta que esté firme.

RINDE APROXIMADAMENTE 3 DOCENAS DE GALLETAS

INDIVIDUALES DE SILICÓN

Los individuales de fibra de vidrio cubiertas con silicón son individuales reusables y antiadherentes que se pueden usar en cualquier momento en que alguna receta solicite una charola engrasada o forrada. Son especialmente útiles para hacer estas delicadas galletas, sumamente delgadas, que se hacen con una masa líquida que se extiende en una charola para hornear. Los individuales también ayudan a obtener un dorado uniforme. Vienen en una gran variedad de tamaños y pueden aguantar la temperatura del horno hasta los 260ºC (500ºF). Para limpiar las hojas, simplemente pase un trapo limpio y suave sobre ellas.

GALLETAS PARA REGALO

Las galletas hechas en casa son un regalo cariñoso y un bonito detalle para cualquier ocasión. Las galletas que presentamos en este capítulo usan ingredientes como avena, melaza, frutas secas, nueces y especias, lo cual significa que se pueden hacer con anticipación y mantendrán su delicioso sabor. Algunas incluso mejorarán al paso del tiempo, ya que las especias y sazonadores se fundirán. Además todas ellas son ideales para regalar o enviar a la familia o a amigos.

GALLETAS DE PISTACHE Y ESPECIAS

En un tazón grande, usando una batidora eléctrica a velocidad alta, acreme la mantequilla hasta que se esponje y se torne amarilla clara. Agregue el azúcar mascabado y continúe batiendo hasta que la mezcla ya no se sienta arenosa cuando la frote entre sus dedos índice y pulgar. Agregue la melaza, yemas de huevo y extracto de almendras; bata a velocidad media, o mezcle con una cuchara de madera, hasta integrar.

Cierna la harina con la canela, cardamomo, polvo para hornear y sal sobre una hoja de papel encerado. Agregue la mezcla de harina a la mezcla de mantequilla en 4 tandas, integrando a velocidad baja o moviendo hasta incorporar después de cada adición. Incorpore los pistaches distribuyendo uniformemente. La masa se verá seca y grumosa.

Pase la masa a una superficie de trabajo ligeramente enharinada y presione para hacer un disco redondo y uniforme. Divida la masa a la mitad y extienda cada mitad para hacer una barra de 15 cm (6 in) de largo. Aplane y haga con cada barra un rectángulo de 15 cm (6 in) de largo por 7.5 cm (3 in) de ancho y 4 cm (1½ in) de espesor. Envuelva cada rectángulo con plástico adherente y refrigere por lo menos durante 2 horas o de preferencia durante 24 horas.

Cuando esté listo para hornearse, precaliente el horno a 165ºC (325ºF). Engrase ligeramente 2 charolas para hornear o cúbralas con papel encerado (para hornear).

Usando un cuchillo delgado y filoso, corte la masa fría en rebanadas de 3 mm (⅛ in) de grueso. Pase las rebanadas a las charolas preparadas, dejando una separación de 2.5 cm (1 in) entre ellas. Hornee las galletas de 10 a 12 minutos, hasta que las orillas se doren. Deje que las galletas se enfríen en las charolas colocadas sobre rejillas de alambre durante 2 minutos, antes de pasarlas directamente a las rejillas para dejar enfriar por completo.

RINDE APROXIMADAMENTE 4 DOCENAS DE GALLETAS

SEPARANDO HUEVOS

Los huevos se separan más fácilmente cuando están fríos. Rompa cada huevo cuidadosamente y, deteniéndolo sobre un tazón pase la yema de una a otra mitad de cascarón, dejando que la clara caiga sobre el tazón. Deje caer la yema a un tazón diferente y pase las claras a un tercer tazón. Separe cada huevo adicional sobre el tazón vacío ya que si acaso cae alguna gota de yema en las claras, éstas no se batirán adecuadamente. Si una yema se rompe, empiece de nuevo con otro huevo. Las claras de huevo se mantendrán frescas durante 5 días en el refrigerador o varios meses en el congelador. Vea las páginas 54 y 88 para las recetas que piden claras de huevo.

1 taza (250 g/8 oz) de mantequilla sin sal, a temperatura ambiente

1¼ taza (280 g/9 oz) compacta de azúcar mascabado

2 cucharadas de melaza oscura

2 yemas de huevo

½ cucharadita de extracto (esencia) de vainilla

3 tazas (470 g/15 oz) de harina de trigo (simple)

2 cucharaditas de canela molida

1 cucharadita de cardamomo molido

1 cucharadita de bicarbonato de sodio

¼ cucharadita de sal

1 taza (125 g/4 oz) de pistaches sin sal, finamente molidos

MORDISCOS DE DOBLE JENGIBRE

2½ tazas (390 g/12½ oz) de harina de trigo (simple)

1½ cucharadita de jengibre molido

1 cucharadita de bicarbonato de sodio

½ cucharadita de canela molida

¼ cucharadita de clavos molidos

¼ cucharadita de sal

⅔ taza (160 ml/5 fl oz) de aceite de canola o aceite vegetal

1 taza (220 g/7 oz) compacta de azúcar mascabado claro

⅓ taza (105 g/3½ oz) de melaza

1 huevo entero, ligeramente batido, más 1 clara de huevo

¾ taza (140 g/4½ oz) de jengibre cristalizado picado (vea explicación a la derecha)

½ taza (125 g/4 oz) de cristales gruesos de azúcar

Precaliente el horno a 165ºC (325ºF). Engrase ligeramente 2 charolas para hornear o cúbralas con papel encerado (para hornear).

Cierna la harina con el jengibre molido, bicarbonato de sodio, canela, clavos y sal sobre una hoja de papel encerado.

En un tazón grande, mezcle el aceite, azúcar mascabado y melaza con una cuchara de madera hasta incorporar por completo. Agregue el huevo entero y bata hasta integrar. Incorpore la mezcla de harina y el jengibre cristalizado.

Bata ligeramente la clara de huevo en un tazón pequeño. Extienda los cristales de azúcar en un tazón poco profundo.

Humedezca sus manos, forme bolas de 2.5 cm (1 in) con la masa. Barnice cada bola ligeramente con clara de huevo y revuelque en el azúcar para cubrir ligeramente. Coloque las galletas sobre las charolas preparadas dejando una separación de 2.5 cm (1 in) entre ellas.

Hornee las galletas de 15 a 18 minutos, hasta que las superficies estén firmes y agrietadas. Deje que se enfríen en las charolas colocadas sobre rejillas de alambre durante 5 minutos antes de pasarlas directamente a las rejillas para que se enfríen por completo. Las galletas se harán más firmes cuando se enfríen.

Preparación por adelantado: Estas galletas se mantienen frescas. Almacénelas entre capas de papel encerado en un recipiente hermético

RINDE APROXIMADAMENTE 4 DOCENAS DE GALLETAS

JENGIBRE CRISTALIZADO

Usted puede comprar jengibre cristalizado o acaramelado, o hacerlo usted mismo en casa. Si desea hacerlo en casa hierva 1½ taza (375 ml/12 fl oz) de agua. Integre ½ taza (125 g/4 oz) de azúcar hasta que se disuelva. Cocine sobre calor medio durante 5 minutos y agregue 1 taza (125 g/4 oz) de jengibre fresco, sin piel y finamente rebanado (3 mm/⅛ in). Reduzca la temperatura y hierva a fuego lento aproximadamente 10 minutos, hasta que esté suave. Escurra, ponga el jengibre en un tazón con ½ taza (125 g/4 oz) de azúcar y mezcle para cubrir. Extienda en una sola capa sobre papel encerado y deje enfriar. Almacene en un frasco hermético hasta por 3 semanas.

LIZZIES

Mezcle las uvas pasas con el brandy en un tazón e integre. Tape y deje remojar durante 1 hora. Tueste las nueces, almendras y nueces de Brasil (página 22). Cuando estén frías, pique grueso y reserve.

Precaliente el horno a 165ºC (325ºF). Engrase ligeramente con mantequilla 2 charolas para hornear o cúbralas con papel encerado (para hornear).

En un tazón grande, usando una batidora eléctrica a velocidad alta, acreme la mantequilla hasta que se esponje y torne amarilla clara. Agregue el azúcar mascabado y continúe batiendo hasta que la mezcla ya no se sienta arenosa cuando la frote entre sus dedos índice y pulgar. Agregue los huevos uno a uno, batiendo a velocidad baja después de cada adición.

Cierna la harina con el bicarbonato de sodio, canela, nuez moscada, clavos y sal sobre una hoja de papel encerado. Mezcle en un tazón grande las nueces y todas las frutas secas, las cerezas y el acitrón; agregue ½ taza (75 g/2½ oz) de la mezcla de harina y mezcle hasta integrar.

Agregue la mezcla de harina restante a la mezcla de mantequilla e integre a velocidad baja, o mezcle con una cuchara de madera, justo hasta incorporar. Agregue las uvas pasas y el brandy y la mezcla de fruta y mezcle hasta incorporar por completo.

Deje caer la masa en cucharaditas sobre las charolas preparadas, dejando una separación de 5 cm (2 in) entre ellas. Hornee las galletas aproximadamente 15 minutos, hasta que estén firmes. Pase cuidadosamente las galletas a rejillas de alambre para que se enfríen por completo.

Usando un colador de malla fina, espolvoree las galletas con azúcar glass antes de servir.

Nota: Las Lizzies se hacen tradicionalmente con fruta caramelizada, pero esta versión usa uvas pasas y otras frutas secas, como chabacanos, ciruelas, peras e higos, junto con el típico acitrón o cáscara de naranja caramelizados.

RINDE APROXIMADAMENTE 5 DOCENAS DE GALLETAS

REMOJANDO FRUTAS SECAS

Al remojar uvas pasas y otras frutas secas se suavizan para comerse y, si se remojan en un licor como brandy o whiskey americano (bourbon), también les agrega sabor. Algunas veces, las frutas también se remojan para poder incorporarlas a la masa más fácilmente, o, si están demasiado duras, para recuperar su textura. La forma más común de remojar frutas es sumergiéndolas en agua caliente o tibia por lo general cerca de 20 minutos, hasta que se rehidraten, y después escurriéndolas. Cuando se usa un licor, por lo general se especifica la cantidad necesaria y también se agrega el líquido restante a la masa.

2½ tazas (470 g/15 oz) de uvas pasas

½ taza (125 ml/4 fl oz) de brandy

2 tazas (250 g/8 oz) de nueces en mitades

1 taza (125 g/4 oz) de almendras enteras y la misma cantidad de nueces de Brasil sin pelar

4 cucharadas (60 g/2 oz) de mantequilla sin sal, a temperatura ambiente

½ taza (105 g/3½ oz) compacta de azúcar mascabado claro

2 huevos

1½ taza (235 g/7½ oz) de harina de trigo (simple)

1½ cucharadita de bicarbonato de sodio

1½ cucharadita de canela molida

½ cucharadita de nuez moscada y la misma cantidad de clavo molido

¼ cucharadita de sal

3½ tazas (625 g/1¼ lb) de mezcla de frutas secas, cortadas en trozos de 12 mm (½ in)

1 taza (185 g/6 oz) de cerezas rojas caramelizadas o en almíbar, partidas a la mitad

½ taza (90 g/3 oz) de acitrón o cáscara de naranja caramelizados, en cubos

Azúcar glass para espolvorear

BISCOTTI DE AVELLANA Y CEREZAS DESHIDRATADAS

½ taza (125 g/4 oz) de mantequilla sin sal, a temperatura ambiente

¾ taza (185 g/6 oz) de azúcar

2 huevos

2 cucharaditas de extracto (esencia) de vainilla

1¾ taza (280 g/9 oz) de harina de trigo (simple)

½ cucharadita de polvo para hornear

½ cucharadita de canela molida

¼ cucharadita de sal

1 taza (155 g/5 oz) de avellanas (filberts), tostadas y sin piel (página 22), picadas toscamente

½ taza (90 g/3 oz) de cerezas ácidas deshidratadas, picadas grueso

1 cucharadita de ralladura de naranja

Precaliente el horno a 180°C (350°F). Engrase y enharine ligeramente 1 charola para hornear grande, o cúbrala con papel encerado (para hornear) y tenga a la mano otra charola para hornear sin engrasar.

En un tazón grande, usando una batidora eléctrica a velocidad alta, acreme la mantequilla hasta que se esponje y se torne amarilla clara. Agregue el azúcar y continúe batiendo hasta que la mezcla no se sienta arenosa cuando la frote entre sus dedos índice y pulgar. Añada los huevos, uno a la vez, batiendo a velocidad baja después de cada adición. Integre la vainilla a velocidad baja hasta incorporar por completo.

Cierna la harina con el polvo para hornear, canela y sal sobre una hoja de papel encerado. Agregue gradualmente la mezcla de harina a la mezcla de huevo y bata a velocidad baja, o mezcle con una cuchara de madera, justo hasta incorporar. Integre las avellanas, cerezas y ralladura de naranja distribuyendo uniformemente. La masa deberá quedar muy suave.

Coloque la masa sobre una superficie de trabajo generosamente enharinada y divida a la mitad. Enharine sus manos y pase una mitad de la masa a la charola de hornear previamente engrasada y forme una barra de aproximadamente 30 cm (12 in) de largo y 4 cm (1½ in) de diámetro. Coloque sobre un lado de la charola. Repita la operación con la masa restante, dejando por lo menos 10 cm (4 in) entre las barras. (Se extenderán a medida que se hornean).

Hornee las barras de 25 a 30 minutos, hasta que las orillas se doren. Pase la charola a una rejilla de alambre y deje que se enfríen las barras durante 10 minutos. Usando un cuchillo de sierra, corte las barras, aún en la charola, en rebanadas diagonales de 12 mm (½ in) de grueso. Cuidadosamente voltee las rebanadas poniéndolas sobre un lado y vuelva a colocarlas dentro del horno. Cuando ya no tenga espacio suficiente en una charola de hornear, empiece a pasar las rebanadas a la otra charola. Hornee aproximadamente 10 minutos más, hasta que las orillas se doren. Deje enfriar totalmente sobre las charolas para hornear. Almacene en un recipiente hermético.

RINDE APROXIMADAMENTE 4 DOCENAS DE BISCOTTI

ACERCA DE LOS BISCOTTI

La palabra biscotti significa "horneado dos veces" en italiano, y el hornear dos veces es el secreto para hacer estas populares galletas crujientes. Para hacer biscotti, a la masa se le da la forma de una barra y se hornea. La barra horneada se corta en rebanadas, que se hornean una vez más, hasta que se vuelven secas y duras. Estas galletas, durables y sabrosas, se mantienen bien y son una buena elección para dar como regalo. Son deliciosas si se sirven con fruta fresca y son perfectas para sumergir en café o en un vino dulce para postres como el vin santo.

GALLETAS DE CARAMELO Y COCO

Precaliente el horno a 165ºC (325ºF). Prepare 2 charolas para hornear cubiertas con papel encerado (para hornear).

Cierna la harina con el polvo para hornear, bicarbonato de sodio y sal sobre una hoja de papel encerado; reserve.

En un tazón grande, usando una batidora eléctrica a velocidad alta, acreme la mantequilla hasta que se esponje y torne amarilla clara. Agregue el azúcar mascabado y la azúcar granulada y continúe batiendo hasta que la mezcla no se sienta arenosa al frotarla entre sus dedos índice y pulgar. Agregue el huevo y la vainilla y bata a velocidad baja hasta integrar, apagando la batidora de vez en cuando y limpiando los lados del tazón con una espátula de hule conforme sea necesario.

Añada la mezcla de harina a la mezcla de mantequilla e integre a velocidad baja, o mezcle con una cuchara de madera, hasta incorporar. Añada el coco y las chispas de caramelo, mezclando e integrando hasta incorporar por completo.

Humedezca sus manos, haga bolas de 2.5 cm (1 in) con la masa o deje caer cucharadas de masa sobre las charolas preparadas, dejando una separación de 5 cm (2 in) entre las galletas.

Hornee las galletas aproximadamente 15 minutos, hasta que sus orillas se doren. Deje que las galletas se enfríen brevemente en las charolas colocadas sobre rejillas de alambre antes de pasarlas directamente a las rejillas para enfriar por completo.

RINDE APROXIMADAMENTE 4 DOCENAS DE GALLETAS

COCO RALLADO

El coco crece en palmeras en clima tropical y es la nuez más grande del mundo. Su carne es firme, cremosa y de color blanco como la nieve y es un ingrediente favorito para los platillos dulces horneados. Las bolsas de coco seco rallado se pueden encontrar en la sección de pastelería en la mayoría de los supermercados. El coco seco rallado por lo general es dulce, pero puede encontrarlo sin endulzar. Revise la bolsa y la receta para asegurarse que tiene la variedad adecuada.

1⅓ taza (220 g/7 oz) de harina de trigo (simple)

½ cucharadita de polvo para hornear

½ cucharadita de bicarbonato de sodio

½ cucharadita de sal

½ taza (125 g/4 oz) de mantequilla sin sal, a temperatura ambiente

½ taza (125 g/4 oz) de azúcar granulada

½ taza (105 g/3½ oz) compacta de azúcar mascabado claro

1 huevo

½ cucharadita de extracto (esencia) de vainilla

1¾ taza (220 g/7 oz) de coco dulce rallado

1½ taza (280 g/9 oz) de chispas de caramelo

GALLETAS DE AVENA, DÁTIL Y NUEZ CON ESPECIAS

2 tazas (315 g/10 oz) de harina de trigo (simple)

1 cucharadita de polvo para hornear

½ cucharadita de bicarbonato de sodio

½ cucharadita de sal

1 cucharadita de canela molida

½ cucharadita de nuez moscada recién rallada

¼ cucharadita de pimienta de jamaica

1 taza (250 g/8 oz) de mantequilla sin sal, a temperatura ambiente

½ taza (105 g/3½ oz) compacta de azúcar mascabado claro

½ taza (125 g/4 oz) de azúcar granulada

2 huevos

3 cucharadas de melaza oscura

1½ cucharadita de extracto (esencia) de vainilla

2½ tazas (235 g/7½ oz) de avena

1 taza (185 g/6 oz) de dátiles sin hueso, picados

½ taza (60 g/2 oz) de nueces picadas grueso

Cristales gruesos de azúcar, para espolvorear (opcional)

Precaliente el horno a 190ºC (375ºF). Engrase ligeramente 2 charolas para hornear o cúbralas con papel encerado (para hornear).

Cierna la harina con el polvo para hornear, sal y especias sobre una hoja de papel encerado; reserve.

En un tazón grande, usando una batidora eléctrica a velocidad alta, acreme la mantequilla hasta que se esponje y se torne amarilla clara. Agregue el azúcar mascabado y la granulada y continúe batiendo hasta que la mezcla no se sienta arenosa cuando la frote entre sus dedos índice y pulgar. Agregue los huevos, uno a la vez, batiendo a velocidad baja después de cada adición. Incorpore la melaza y la vainilla.

Añada la mezcla de harina e integre a velocidad baja, o con una cuchara de madera, hasta incorporar por completo. Integre la avena, dátiles y nueces distribuyendo uniformemente.

Deje caer la masa a cucharadas sobre las charolas preparadas, dejando una separación de 5 cm (2 in) entre ellas. Hornee las galletas de 10 a 12 minutos, hasta que se doren sus orillas. Si lo desea, espolvoree las galletas con azúcar gruesa mientras aún estén calientes. Deje que se enfríen en las charolas colocadas sobre rejillas de alambre durante 10 minutos antes de pasarlas directamente a rejillas de alambre para que se enfríen por completo.

RINDE APROXIMADAMENTE 4 DOCENAS DE GALLETAS.

PIMIENTA DE JAMAICA

El sabor de la mora de un árbol de hoja perenne llamada pimienta de jamaica es una combinación de canela, nuez moscada y clavo. Es un producto favorito de los pasteleros de la época navideña, a quienes les gusta agregar este fuerte sabor a las galletas, pasteles y pays. La pimienta de jamaica puede usarse molida o entera. Compre la pimienta de jamaica, especialmente la molida, en la menor cantidad que pueda adquirir en alguna tienda con gran movimiento ya que perderá su sabor después de 6 meses. Si es posible, compre la pimienta de jamaica a granel, comprando únicamente una pequeña cantidad a la vez. Si compra una lata o frasco, revise la fecha para asegurar su frescura.

TRIÁNGULOS DE COCO Y MACADAMIA

Precaliente el horno a 190ºC (375ºF). Cubra la base y los lados de un molde cuadrado de 23 cm (9 in) con papel aluminio y engrase ligeramente el papel.

Mezcle la taza de harina, 1 cucharada de azúcar mascabado y ½ cucharadita de la sal en un procesador de alimentos. Mezcle brevemente para integrar. Con el motor encendido, agregue la mantequilla, poniendo unos cuantos trozos a la vez, hasta que se formen migas pequeñas. Extienda sobre el molde preparado. Presione la mezcla dentro del molde en una capa sólida y pareja.

Hornee aproximadamente 10 minutos, hasta que las orillas se doren.

Mientras tanto, mezcle las 2 cucharadas de harina, ¾ taza de azúcar mascabado, la miel de maíz, vainilla, huevo y ¼ cucharadita de sal. Bata con una cuchara de madera hasta integrar por completo. Integre las nueces y el coco hasta incorporar.

Extienda la mezcla de coco sobre la corteza inferior recién horneada. Vuelva a colocar en el horno y hornee de 15 a 20 minutos, hasta que la cubierta esté ligeramente dorada y las orillas se puedan separar del molde. Deje enfriar totalmente en el molde sobre una rejilla de alambre. Retire el papel para sacar la galleta del molde.

Corte la galleta en doce rectángulos de 7.5 x 5.5 cm (3 x 2½ in) Corte cada rectángulo a la mitad en diagonal para hacer triángulos. Sumerja 1 orilla de cada triángulo en el chocolate derretido y deje enfriar sobre una hoja de papel encerado.

RINDE 2 DOCENAS DE GALLETAS

NUECES MACADAMIA

Las nueces de macadamia agregan un dulzor natural y un sabor cremoso a los platillos horneados. Por lo general se venden sin cáscara, saben ligeramente suaves y tienen una textura suave y cremosa. Al igual que muchas nueces su gran contenido de grasa las hace propensas a volverse rancias, por lo que debe comprarlas en una tienda que tenga movimiento para asegurarse de su frescura. Almacene las nueces sin cáscara en recipientes herméticos de 1 a 2 meses a temperatura ambiente, de 3 a 6 meses en el refrigerador o de 9 meses a 1 año en el congelador dentro de una bolsa de plástico con cierre hermético.

1 taza (155 g/5 oz) de harina de trigo (simple), más 2 cucharadas

¾ taza (185 g/6 oz) compacta de azúcar mascabado claro, más 1 cucharada

¾ cucharadita de sal

5 cucharadas (75 g/2½ oz) de mantequilla sin sal fría, cortada en trozos pequeños

2 cucharadas de miel de maíz clara

1 cucharadita de extracto (esencia) de vainilla

1 huevo

1 taza (155 g/5 oz) de nueces macadamia sin sal, ligeramente tostadas (página 22) y picadas toscamente

½ taza (60 g/2 oz) de coco seco dulce rallado

90 g (3 oz) de chocolate semi amargo, derretido (página 50)

GALLETAS PARA CELEBRACIONES

El aroma de las galletas recién horneadas es especialmente tentador durante la época de las celebraciones. Consiéntase con el tradicional rugelach de canela o las bolas de indulgente whiskey americano (bourbon); o amplíe su repertorio para las celebraciones con galletas de melaza de Moravia especiadas con jengibre y pimienta de jamaica. Ya sea que usted prefiera las recetas clásicas o desee probar algo nuevo, un platón de deliciosos dulces le endulzará el placer de esta época.

GALLETAS SPRITZ

Precaliente el horno a 190ºC (375ºF). Tenga a la mano 2 charolas para hornear sin engrasar.

En un tazón grande, usando una batidora eléctrica a velocidad alta, acreme la mantequilla hasta que se esponje y se torne amarilla clara. Agregue la azúcar granulada y continúe batiendo hasta que la mezcla ya no se sienta arenosa cuando la frote entre sus dedos índice y pulgar. Integre las yemas de huevo y los extractos de vainilla y almendra a velocidad baja hasta integrar.

Cierna la harina con la sal sobre una hoja de papel encerado. Agregue la mezcla de harina a la mezcla de mantequilla e integre a velocidad baja, o incorpore con una cuchara de madera, hasta integrar por completo.

Llene una prensa para galletas con la masa siguiendo las instrucciones del fabricante. Presione las galletas directamente sobre las charolas. (Si la masa no sale bien, puede retirarla de la charola y volverla a colocar en la prensa). Si la masa se calienta y se vuelve pegajosa, refrigérela unos minutos para hacerla más firme.

Barnice ligeramente cada galleta con clara de huevo y espolvoree con azúcar o grageas de azúcar o presione las cerezas en el centro de cada galleta. Hornee de 8 a 10 minutos, justo hasta que las orillas se doren. (Si las galletas no mantienen su forma después de hornearlas, refrigere la masa durante 20 minutos para hacerla más firme antes de pasarla por la prensa para hacer la siguiente tanda) Deje que las galletas se enfríen en la charola colocada sobre rejillas de alambre durante 1 ó 2 minutos para que se hagan firmes antes de pasarlas directamente a rejillas de alambre para que se enfríen por completo.

Para preparar: Asegúrese de prensar las galletas sobre charolas de hornear frías (nunca calientes). La masa no se pegará de forma adecuada a las charolas calientes y las galletas se desbaratarán cuando retire la prensa.

RINDE APROXIMADAMENTE 5 DOCENAS DE GALLETAS

USANDO UNA PRENSA PARA GALLETAS

Equipada con una selección de discos para crear diferentes formas, una prensa para galletas facilita hacer tandas y tandas de bellas galletas. Antes de usar la prensa, extienda la masa de galletas dentro de una hoja de papel encerado haciendo una barra ligeramente más pequeña que el tamaño del cilindro de la prensa para galletas. Retire el papel, coloque la masa dentro del cilindro, elija el diseño del disco que desee, y atorníllelo en su lugar. Detenga la prensa en posición vertical, detenga con fuerza el mango y presione uniformemente la masa para formar las galletas. Las prensas para galletas funcionan mejor con masa ligeramente suave y flexible.

1 taza (250 g/8 oz) de mantequilla, a temperatura ambiente

¾ taza (185 g/6 oz) de azúcar granulada

2 huevos

1 cucharadita de extracto (esencia) de vainilla

½ cucharadita de extracto (esencia) de almendra

2¼ tazas (345 g/11 oz) de harina de trigo (simple)

¼ cucharadita de sal

1 clara de huevo, ligeramente batida

Azúcar granulada o entintada, grageas o cerezas en almíbar rojas o verdes (opcional)

GALLETAS MEXICANAS PARA BODAS

1 taza (250 g/8 oz) de mantequilla sin sal, a temperatura ambiente

1¼ taza (150 g/5 oz) de azúcar glass (para repostería)

1 cucharadita de extracto (esencia) de vainilla

¼ cuchadita de sal

1¾ taza (280 g/9 oz) de harina de trigo (simple)

1 cucharadita de canela molida

1 taza (155 g/5 oz) de almendras blanqueadas molidas

En un tazón grande, usando una batidora eléctrica a velocidad alta, acreme la mantequilla hasta que se esponje y se torne amarilla clara. Agregue ½ taza (60 g/2 oz) del azúcar glass y continúe batiendo a velocidad baja hasta que la mezcla esté ligera y esponjosa. Agregue la vainilla y la sal; bata a velocidad baja hasta integrar por completo.

Cierna la harina con la canela sobre una hoja de papel encerado. Agregue la mezcla de harina a la mezcla de mantequilla e integre a velocidad baja, o incorpore con una cuchara de madera, hasta integrar por completo. Agregue las almendras. Tape y refrigere aproximadamente 15 minutos hasta que la masa esté fría, pero no dura, y ya no se sienta pegajosa al tacto.

Precaliente el horno a 180°C (375°F). Tenga a la mano 2 charolas para hornear sin engrasar. Cierna ¾ taza (90 g/3 oz) del azúcar glass restante hacia un tazón poco profundo.

Haga bolas de 2.5 cm (1 in) con la masa. Coloque sobre las charolas de hornear dejando una separación de 2.5 cm (1 in) entre ellas.

Hornee las galletas de 10 a 12 minutos, hasta que se doren sus bases. Deje que las galletas se enfríen en la charola colocada sobre rejillas de alambre durante 5 minutos antes de retirarlas, una a la vez, y pasarlas por el azúcar. Deje enfriar por completo sobre las rejillas de alambre.

RINDE APROXIMADAMENTE 4 DOCENAS DE GALLETAS

USANDO ESPECIAS

Las especias obtienen sus sabores de los aceites esenciales que se evaporan con el tiempo, por lo que tiene que sustituirlas periódicamente. Si las almacena en recipientes herméticos en un lugar frío y oscuro, las especias molidas durarán por lo menos durante 6 meses y las especias enteras durarán hasta 1 año. Compre especias en pequeñas cantidades en tiendas con mucho movimiento. Para obtener el sabor más pronunciado, use especias enteras y muélalas en el momento de usarlas. Para moler la canela para hacer esta receta, tueste parte de la vara de canela en una sartén pequeña sobre calor medio hasta que aromatice y triture y muela en un mortero o molcajete con la mano o en un molino de especias.

GALLETAS DE MELAZA DE MORAVIA

En un tazón grande, usando una batidora eléctrica a velocidad alta, acreme la mantequilla hasta que se esponje y se torne amarilla clara. Agregue el azúcar mascabado y continúe batiendo hasta que la mezcla ya no se sienta arenosa cuando la frote entre sus dedos índice y pulgar. Integre gradualmente la melaza a velocidad baja.

Cierna la harina con el bicarbonato de sodio, polvo para hornear, canela, jengibre y pimienta de jamaica sobre una hoja de papel encerado. Agregue la mezcla de harina a la mezcla de mantequilla en 3 adiciones, integrando a velocidad baja, o incorporando con una cuchara de madera, después de cada adición hasta integrar por completo.

Extienda la masa sobre una superficie de trabajo ligeramente enharinada y divida en 6 partes iguales. Haga un disco plano con cada porción, envuelva con plástico adherente y refrigere por lo menos 2 horas o durante toda la noche.

Cuando esté lista para hornearse, precaliente el horno a 180ºC (350ºF). Engrase ligeramente 2 charolas para hornear y enharine, retirando el exceso; o cubra con papel encerado (para hornear).

Trabajando con una porción a la vez, extienda la masa sobre una superficie de trabajo hasta dejar de 3 mm (⅛ in) de espesor. Usando un molde para galletas sencillo o de ondas, de 5 cm (2 in) de diámetro, corte formas o círculos. Usando una espátula para repostería, pase cuidadosamente a las charolas preparadas dejando una separación de aproximadamente 2.5 cm (1 in) entre las galletas. Repita la operación con la masa restante y junte los sobrantes, vuelva a extenderlos y corte más galletas. Si lo desea, espolvoree cada galleta con un poco de la mezcla de canela y azúcar.

Hornee las galletas de 6 a 8 minutos, justo hasta que estén firmes. Deje que se enfríen en la charola colocada sobre rejillas de alambre durante 2 minutos. Usando una espátula delgada de metal flexible, páselas directamente a rejillas de alambre para que se enfríen por completo.

Nota: La masa de estas delicadas galletas, llenas de sabor, es fácil de manejar, por lo que no debe tener miedo de extenderla demasiado delgada. Estas deliciosas galletas de especias son un bocadillo tradicional durante la época de Navidad en Moravia, una región que actualmente es parte de la República Checa.

RINDE APROXIMADAMENTE 6 DOCENAS DE GALLETAS

½ taza (125 g/4 oz) de mantequilla sin sal, a temperatura ambiente

½ taza (105 g/3½ oz) compacta de azúcar mascabado oscura

⅔ taza (230 g/7½ oz) de melaza oscura

2½ tazas (390 g/12½ oz) de harina de trigo (simple)

1 cucharadita de bicarbonato de sodio

½ cucharadita de polvo para hornear

1 cucharadita de canela molida

1 cucharadita de jengibre molido

¼ cucharadita de pimienta de jamaica molida

2 cucharaditas de azúcar granulada mezclada con ¼ cucharadita de canela molida para espolvorear (opcional)

MORDISCOS DE BRANDY

½ taza (170 g/5½ oz) de melaza clara

½ taza (125 g/4 oz) de mantequilla sin sal

1¼ taza (125 g/4 oz) de harina preparada para pastel (de trigo suave), cernida

⅔ taza (155 g/5 oz) de azúcar

1 cucharadita de canela molida

¼ cucharadita de sal

2 cucharadas de brandy

Precaliente el horno a 180ºC (350ºF). Engrase generosamente 2 charolas para hornear o cubra con papel encerado (para hornear). Tenga listo un rodillo o una barra de madera de 2 cm (¾ in) de diámetro.

En una olla pequeña, hierva la melaza sobre calor bajo. Agregue la mantequilla e incorpore. Retire del fuego.

Cierna la harina cernida con el azúcar, canela, y sal sobre una hoja de papel encerado. Agregue a la mezcla de mantequilla con una cuchara de madera hasta integrar por completo. Incorpore el brandy. La masa deberá quedar espesa y enmielada.

Deje caer la masa sobre las charolas preparadas a cucharadas copeteadas dejando una separación de 7.5 cm (3 in) entre ellas y haciendo únicamente 6 galletas. (Las galletas se deben hornear en tandas pequeñas, ya que, una vez horneadas, se les debe dar forma rápidamente antes de que se enfríen y se hagan quebradizas.)

Hornee las galletas de 5 a 7 minutos, hasta que se extiendan y sus superficies burbujeen. Deje que las galletas se enfríen en la charola colocada sobre rejillas de alambre sólo 1 minuto y, trabajando con rapidez, use una espátula delgada de metal flexible para retirar 1 galleta a la vez y envuelva alrededor de la barra o rodillo, colocando la parte plana de la galleta contra la barra para hacer un tubo hueco. Deje que la galleta repose hasta que mantenga su forma. Use tantas barras como le sea posible para formar varias galletas al mismo tiempo. Si las galletas se enfrían demasiado y no puede darles forma fácilmente, vuelva a colocarlas dentro del horno durante algunos minutos; se suavizarán con el calor.

Mientras hornea la siguiente tanda, retire las galletas ya listas de las barras y colóquelas sobre una rejilla de alambre. Deje que las galletas se enfríen a temperatura ambiente, rellénelas, si lo desea (vea explicación a la derecha) y sirva.

Preparación por Adelantado: Estas galletas pueden almacenarse durante varios días en un recipiente hermético, y rellenarse justo antes de servirse.

RINDE APROXIMADAMENTE 4 DOCENAS DE GALLETAS

RELLENO DE CREMA

Si se le antoja, rellene estas galletas cilíndricas con crema recién batida. Enfríe crema dulce para batir y mezcle con 2 cucharadas de azúcar glass (para repostería) y 1 cucharada de brandy. Bata en un tazón profundo y frío con un batidor globo, o una batidora eléctrica, justo hasta que se formen picos suaves. No bata demasiado, o la crema se convertirá en mantequilla. Una vez batida, la crema durará aproximadamente 30 minutos, tapada, en el refrigerador. Use una manga de repostería adaptada con una punta grande y sencilla (página 53) para rellenar las galletas. Acomode sobre un platón y sirva de inmediato.

BOLAS DE BOURBON

Triture finamente las galletas de vainilla en un procesador de alimentos, o colóquelas en una bolsa de plástico grueso y presiónelas con un rodillo.

Derrita el chocolate en la parte superior de un hervidor doble (página 50) sobre agua hirviendo ligeramente. Retire del fuego y agregue el azúcar mascabado, miel de maíz, whiskey americano (bourbon) y sal; mezcle hasta integrar. Incorpore las galletas de barquillo de vainilla y la mitad de las nueces.

Extienda las nueces restantes sobre un plato. Usando sus manos, haga con la masa bolas de 2.5 cm (1 in). Pase las bolas sobre las nueces para cubrir uniformemente. Acomode las bolas en capas, separadas por papel encerado, dentro de un recipiente hermético. Refrigere 24 horas antes de servirlas para que se integren los sabores.

Preparación por Adelantado: Estas galletas se mantendrán frescas, dentro del refrigerador, durante 2 semanas.

RINDE APROXIMADAMENTE 4½ DOCENAS DE GALLETAS

NUECES PECANAS

Nativas de Norteamérica, las nueces pecanas tienen 2 lóbulos pronunciados de carne, muy parecidos a su pariente la nuez de castilla. Las nueces tienen cáscaras suaves, lisas, ovaladas, de color café que se rompen fácilmente por lo que son buenas candidatas para comprarse enteras y pelarlas uno mismo. Las nueces crudas y con cáscara duran más tiempo que las que se compran sin cáscara, y se mantienen frescas de 6 meses a 1 año si se almacenan en un lugar seco, oscuro y frío. Ya que las nueces contienen gran cantidad de aceite, eventualmente se pueden hacer rancias, por lo que recomendamos revise que tan frescas están antes de agregarlas a las recetas.

1 caja (375 g/12 oz) de galletas de vainilla (wafers), trituradas en trozos pequeños

185 g (6 oz) de chocolate semi amargo, finamente picado

½ taza (105 g/3½ oz) compacta de azúcar mascabado claro

¼ taza (75 ml/2½ oz) de miel de maíz clara

⅓ taza (80 ml/3 fl oz) de whiskey americano (bourbon)

Una pizca de sal

2 tazas (250 g/8 oz) de nueces pecanas, ligeramente tostadas (página 22) y finamente picadas

RUGELACH CON CHABACANO Y RELLENO DE PISTACHE

125 g (¼ lb) de queso crema, cortado en trozos pequeños, a temperatura ambiente

½ taza (125 g/4 oz) de mantequilla sin sal, cortada en trozos pequeños, a temperatura ambiente.

1 taza (155 g/5 oz) más 2 cucharadas de harina de trigo (simple)

2 cucharadas de azúcar granulada

¼ cucharadita de sal

PARA EL RELLENO:

¾ taza (125 g/4 oz) de chabacanos secos, partidos a la mitad

1 cucharada de azúcar granulada

¼ cucharadita de canela molida

2 cucharadas de pistaches sin sal, finamente picados

Azúcar glass (para repostería), para espolvorear

En un procesador de alimentos, mezcle el queso crema con la mantequilla, harina, azúcar granulada y sal. Pulse hasta que la mase empiece a integrarse. Coloque la masa sobre una superficie de trabajo enharinada y haga una bola. Divida en 4 porciones iguales. Coloque cada porción sobre una trozo de plástico adherente, aplane ligeramente para formar un disco, envuelva y refrigere por lo menos 2 horas o hasta por 6 horas.

Mientras tanto, haga el relleno. En una olla pequeña, mezcle los chabacanos con ½ taza (125 ml/4 fl oz) de agua. Tape y cocine sobre calor bajo, de 10 a 15 minutos, moviendo de vez en cuando, hasta que la fruta absorba el agua. Deje enfriar ligeramente y pase a un procesador de alimentos y procese hasta formar un puré bastante suave. Coloque en un tazón e integre el azúcar granulada, canela y pistaches. Reserve.

Precaliente el horno a 180ºC (350ºF). Cubra 2 charolas para hornear con papel encerado (para hornear).

Enharine ligeramente una superficie de trabajo. Saque 1 disco de masa del refrigerador y extienda para formar un círculo de 18 cm (7 in) (vea explicación a la derecha). Extienda una cuarta parte del relleno uniformemente sobre el círculo. Con un cuchillo grande, corte la masa en 6 rebanadas. Empezando por la orilla exterior, enrolle suavemente cada rebanada hacia la punta. (Si lo necesita, use una espátula delgada de metal para levantar las rebanadas de la superficie de trabajo). Si la masa está demasiado suave para poder enrollarla, refrigérela aproximadamente durante 5 minutos para que se haga más firme. A medida que forme cada pieza, colóquela sobre las charolas para hornear dejando una separación de por lo menos a 2.5 cm (1 in) entre ellas; doble las puntas de la masa hacia el centro para formar una parte abultada. Repita la operación con la masa y el relleno restante.

Hornee las rugelach aproximadamente 20 minutos, hasta que se doren. Deje enfriar en la charola colocada sobre rejillas de alambre durante 5 minutos antes de pasarlas directamente a las rejillas para que se enfríen por completo. Mientras estén aún calientes, use un colador de malla fina para espolvorear las rugelach con azúcar glass.

RINDE APROXIMADAMENTE 2½ DOCENAS DE GALLETAS

EXTENDIENDO LA MASA

Para extender la masa, use un rodillo de mármol o madera. Extienda la masa del centro hacia la orilla, usando trazos cortos y firmes y deteniéndose justo antes de la orilla para evitar que se haga demasiado delgada. Después de cada pasada del rodillo, gire la masa un cuarto de vuelta para evitar que se pegue a la superficie de trabajo. Espolvoree ligeramente la superficie de trabajo y el rodillo con más harina cuando sea necesario. Para los principiantes quizás sea más fácil extender la masa entre 2 hojas de papel encerado, lo cual evita que la masa se pegue y rompa.

MERENGUES DE AVELLANA

Precaliente el horno a 135ºC (275ºF). Cubra 2 charolas para hornear con papel encerado (para hornear).

Cierna la azúcar super fina con el cremor tártaro, canela, jengibre y sal sobre una hoja de papel encerado; reserve.

En un tazón grande, mezcle las claras de huevo con la vainilla. Usando una batidora eléctrica a velocidad media (o un batidor globo), bata hasta que estén suaves y esponjosas. Aumente la velocidad y, mientras continúa batiendo, agregue la mezcla de azúcar poco a poco, batiendo 3 ó 4 minutos, hasta que se formen picos duros y brillantes (vea explicación a la izquierda). Usando una espátula de hule, integre ¾ taza (90 g/3 oz) de las avellanas picadas, con movimiento envolvente.

Usando una manga de repostería con una punta grande y lisa, coloque el merengue sobre las charolas preparadas, formando gotas de 2 a 2.5 cm (¾–1 in) de diámetro, dejando una separación de 12 mm (½ in) entre ellas. O, si lo desea, ponga el merengue con la punta de una cucharita para hacer merengues del tamaño de un bocado. Espolvoree un poco de las nueces restantes sobre cada merengue.

Hornee los merengues de 25 a 30 minutos, hasta que se doren muy ligeramente. Apague el horno y abra la puerta del horno aproximadamente 2.5 cm (1 in). Deje que se enfríen por completo dentro del horno, aproximadamente durante 2 horas.

Nota: Esta es una buena receta para usar los sobrantes de huevos. Las claras se pueden guardar, cubiertas herméticamente, dentro del refrigerador hasta por 5 días o congeladas durante varios meses.

RINDE DE 60 A 70 MERENGUES

¾ taza (185 g/6 oz) de azúcar super fina (caster)

½ cucharadita de cremor tártaro

¼ cucharadita de canela molida

⅛ cucharadita de jengibre molido

Una pizca de sal

4 claras de huevo, a temperatura ambiente

1 cucharadita de extracto (esencia) de vainilla

1¼ taza (200 g/6½ oz) de avellanas (filberts), tostadas y sin piel (página 22), finamente picadas

BATIENDO CLARAS DE HUEVO

Las recetas que piden batir claras de huevo por lo general incluyen cremor tártaro, un polvo blanco que es subproducto de la fabricación del vino el cual ayuda a mantener las claras esponjosas. (Se puede sustituir por un tazón de cobre, el cual también estabiliza la espuma). Empiece batiendo con una batidora eléctrica a velocidad media-baja. Cuando estén suaves y esponjosas, pero aún sueltas, aumente la velocidad. Las claras se espesarán y harán más brillantes a medida que bata. Para revisar la consistencia, levante las aspas de la batidora. Si los picos de la punta de las aspas caen suavemente hacia un lado, estarán suaves; si mantienen su forma, estarán firmes. También puede usar un batidor globo para batir claras de huevo a mano.

GALLETAS DECORADAS

Desde las crujientes galletas de azúcar espolvoreadas con coloridos cristales de azúcar hasta los muñecos de jengibre vestidos con brillante glaseado, la decoración de las galletas se convierte en todo un arte. Tan deliciosas de comer como divertidas de hacer, estas delicias tan atractivas como extravagantes llevan alegría a las diferentes celebraciones del año.

DECORANDO CON GLASEADO

Usando un molde decorativo para galletas, corte y hornee las galletas como lo indica la receta, omitiendo la cubierta de azúcar. Deje enfriar por completo.

Para teñir el glaseado, divídalo entre pequeños tazones diferentes, uno para cada color deseado. Agregue únicamente una gota de cada color vegetal a cada tazón (vea explicación a la izquierda). Mezcle hasta integrar por completo. Repita la operación conforme sea necesario para crear el color deseado. Para decorar:

Glaseado Fluido: Usando una manga de repostería adaptada con una punta delgada (página 53), marque los contornos de una galleta con el glaseado. Posteriormente use una pequeña brocha de pastelería húmeda para extender (untar) una capa uniforme y sólida de glaseado dentro del contorno. Quizás tenga que adelgazar el glaseado con algunas gotas de agua para extenderlo más fácilmente. Para obtener un terminado perfectamente uniforme, use la punta de una brocheta de madera para reventar las burbujas que se formen en la superficie del glaseado. Deje que se cuaje totalmente; esto tomará entre 1 y 3 horas, dependiendo de la humedad.

Capas de Glaseado: Después de poner una capa inicial de glaseado (vea explicación superior) y haber dejado cuajar totalmente, use una manga de repostería o una brocha para aplicar otra capa adicional de glaseado, del mismo color o de uno diferente, según se desee (vea la araña y los fantasmas a la derecha). Deje que se cuaje totalmente.

Estallido de Estrella: Unte una capa de glaseado sobre una galleta (vea explicación superior). Mientras la capa de glaseado aún está húmeda, use un color diferente de glaseado en otra manga de repostería adaptada con una punta delgada para poner un punto en el centro de la galleta y después rodearlo con una serie de círculos concéntricos. Empezando en el centro, use un palillo o una brocheta de madera para dibujar una línea derecha de un lado a otro de la galleta. Repita la operación para hacer un diseño de estallido de estrella (vea la telaraña a la derecha). Deje cuajar por completo.

RINDE 2 Ó 3 DOCENAS DE GALLETAS, DEPENDIENDO DEL TAMAÑO

TIÑENDO EL GLASEADO

Para darle color al Glaseado Real, mezcle el colorante vegetal en un tazón pequeño con glaseado. Empiece con una gota o dos de colorante y agregue más conforme sea necesario para darle más color. Las botellas de pintura vegetal se compran en el pasillo de repostería de todos los supermercados, pero otros tipos de colorante se pueden encontrar en tiendas especializadas en alimentos. Los gels y las pastas de color vegetal crean colores más fuertes y poco comunes y no diluirán tanto el glaseado. También se pueden encontrar tintes naturales para alimentos en una variedad de tonos apagados, como el verde salvia y el naranja del color del pay de calabaza.

1 receta de Galletas de Azúcar (página 14)

PARA EL DECORADO

1 receta de Glaseado Real (página 99)

Pintura vegetal, gel o pasta de colores, según sea necesario (vea explicación a la izquierda)

DECORANDO CON AZÚCAR

**1 receta de Galletas Dulces
(página 14)**

PARA LA DECORACIÓN:

**1 receta de Glaseado Real
(página 99) (opcional)**

**1 clara de huevo,
ligeramente batida (vea
Nota), o 2 cucharaditas de
polvo de merengue
mezclado con 2
cucharadas de agua**

**Azúcar para decoración en
varios colores (vea
explicación a la derecha)**

Usando un molde decorativo para galletas, corte y hornee las galletas como lo indica la receta, omitiendo la cubierta de azúcar. Deje enfriar por completo.

Para teñir el glaseado, divídalo entre varios tazones pequeños, uno para cada color que desee. Agregue únicamente una gota de cada color vegetal a cada tazón (página 92). Mezcle hasta integrar por completo. Repita la operación conforme sea necesario para crear el color deseado. Para decorar:

Azúcar: Barnice una galleta con clara de huevo y sumerja en un tazón de azúcar teñida. Una vez que el azúcar esté seca, use una manga para repostería y decore con el Glaseado Real, si lo desea (página 53) (vea la flor morada, a la izquierda). Deje que se cuaje por completo.

Glaseado y Azúcar: Usando una manga para repostería adaptada con una punta delgada, marque los contornos de una galleta con glaseado. Use una pequeña brocha de repostería húmeda para extender uniformemente una capa de glaseado dentro del contorno de la galleta. Quizás necesite diluir el glaseado con algunas gotas de agua para extenderlo más fácilmente. O, si lo desea, use una manga para repostería para hacer dibujos con glaseado. Mientras el glaseado aún está húmedo, use un apequeña cuchara para espolvorear azúcar sobre él; invierta la galleta ligeramente para retirar el exceso de azúcar (vea la mariposa, a la izquierda). Deje que se cuaje por completo.

Glaseado y Azúcar en Capas: Use una manga de repostería o una brocha para hacer una capa delgada de glaseado sobre una galleta (como se indica con anterioridad). Deje que el glaseado cuaje por completo, de 1 a 3 horas. Después de que el glaseado esté firme, use la manga de repostería o una brocha para agregar una capa decorativa adicional de glaseado del mismo color o de algún otro. Mientras esta segunda capa de glaseado aún está húmeda, use una pequeña cuchara para espolvorear el azúcar sobre el glaseado; invierta la galleta ligeramente para retirar el exceso (vea la maceta y la mariposa amarilla, a la izquierda). Deje que se cuaje por completo.

Nota: Esta receta usa claras de huevo crudas. Para más información, vea las páginas 113 y 114.

RINDE 2 Ó 3 DOCENAS DE GALLETAS, DEPENDIENDO DEL TAMAÑO.

AZÚCAR DECORATIVA

La azúcar decorativa da a estas galletas un bonito brillo. Viene en una variedad de colores, desde los delicados tonos pastel hasta tonos más fuertes. La azúcar decorativa también se vende en granos de diferentes tamaños, desde los finos hasta los gruesos. Entre más gruesa sea el azúcar, la galleta brillará más. La mayoría de los supermercados bien surtidos tienen azúcar de color, pero si desea una más amplia selección, busque las tiendas especializadas en decoración de pasteles y artículos para galletas. Usando una capa lisa de Glaseado Real en el mismo tono que la azúcar decorativa se crea un bello efecto, resaltando el color del azúcar.

DECORANDO CON GLASEADO EN RIBETE

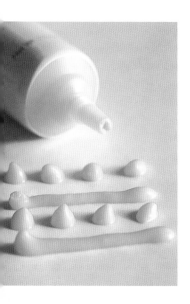

Usando un cortador decorativo para galletas, corte y hornee las galletas como lo indica la receta, omitiendo la cubierta de azúcar. Deje enfriar por completo.

Para teñir el glaseado, divídalo entre varios tazones pequeños, uno para cada color que desee. Agregue únicamente una gota de cada color vegetal a cada tazón (página 92). Mezcle hasta integrar por completo. Repita la operación conforme sea necesario para crear el color deseado.

Para hacer una capa lisa de glaseado sobre una galleta, marque el contorno de una galleta con glaseado, usando una manga de repostería adaptada con una punta delgada (página 53). Con una pequeña brocha húmeda, extienda el glaseado dentro del contorno. Quizás tenga que diluir el glaseado con algunas gotas de agua para que pueda extenderlo con mayor facilidad. Si usa azúcar decorativa, mientras que el glaseado aún esté húmedo, use una cuchara pequeña para espolvorear el azúcar sobre él. Invierta la galleta ligeramente para retirar el exceso de azúcar. Antes de hacer el diseño decorativo deje que el glaseado se cuaje por completo, de 1 a 3 horas, dependiendo de la humedad. Mantenga el glaseado restante en un recipiente hermético mientras se cuaja la primera capa. Para decorar:

Puntos: Detenga una manga de repostería adaptada con una punta delgada perpendicularmente a la galleta y apriete la manga con suavidad para crear una pequeña gota de glaseado. Repita la operación para hacer un diseño de puntos (vea la galleta azul oscura, a la derecha). Deje que se cuaje por completo.

Líneas: Detenga una manga de repostería en un ángulo de 45 grados sobre la galleta y apriete la manga suave y uniformemente para hacer líneas sobre la galleta (vea la estrella azul clara y los copos de nieve, a la derecha).

Mientras el glaseado aún esté húmedo aplique grageas, chispas, perlas o alguna otra decoración que desee con ayuda de unas pinzas limpias. Deje que se cuaje por completo.

Para Decorar: Para destapar la punta de una manga de repostería se puede insertar un palillo o brocheta de madera.

RINDE 2 Ó 3 DOCENAS DE GALLETAS, DEPENDIENDO DEL TAMAÑO

CONSEJO DE DECORACIÓN

Con un poco de práctica, la decoración con una manga de repostería es bastante sencilla, pero existe una forma más fácil. Busque las plumas de decoración en las tiendas especializadas en alimentos y artículos de pastelería. Las plumas no son tan fáciles de controlar como la manga de repostería debido a que las plumas se calientan en agua antes de usarlas y la línea de glaseado se espesa a medida que se va enfriando. Sin embargo, son una buena elección para decorar con niños. Si no cuenta con una manga de repostería ni con una pluma de decoración, use una bolsa de plástico grueso con un pequeño orificio en la punta y use como manga de repostería improvisada.

1 receta de Galletas de Azúcar (página 14)

PARA LA DECORACIÓN:

1 receta de Glaseado Real (página 99)

Azúcar decorativa de varios colores (opcional)

Chispas, grageas, perlas u otro tipo de decoración (opcional)

MUÑECOS DE JENGIBRE

En un tazón grande, usando una batidora eléctrica a velocidad alta, acreme la mantequilla hasta que se esponje y se torne amarilla clara. Agregue el azúcar mascabado y la azúcar granulada y bata hasta que la mezcla ya no se sienta arenosa cuando la frote entre sus dedos índice y pulgar. Gradualmente integre la melaza a velocidad baja. Añada el huevo y bata a velocidad baja hasta integrar por completo.

Cierna la harina con el bicarbonato de sodio, jengibre, canela, clavos y sal sobre una hoja de papel encerado. Agregue gradualmente la mezcla de harina a la mezcla de mantequilla a velocidad baja, o incorporando con una cuchara de madera, hasta integrar por completo. Extienda sobre una superficie de trabajo. Enharine sus manos y haga un montículo grande y uniforme. Divida la masa en 4 porciones iguales; forme discos y envuelva cada disco en plástico adherente. Refrigere por lo menos durante 2 horas o hasta por 2 días.

Precaliente el horno a 200ºC (400ºF). Engrase ligeramente 2 charolas para hornear o cubra con papel encerado (para hornear). Trabajando con 1 disco a la vez, extienda la masa entre 2 hojas de papel encerado hasta obtener un espesor de 6 mm (¼ in). Usando cortadores para muñecos de jengibre de 7.5 a 13 cm (3 – 5 in) de alto, corte las figuras. Use una espátula para repostería para pasar los muñecos a la charola preparada. Repita la operación con las porciones de masa restantes, junte los sobrantes y vuelva a extenderlos; corte más galletas. Si los sobrantes de masa se hacen duros, refrigérelos 10 minutos antes de extenderlos una vez más. Para obtener los mejores resultados, no extienda la misma masa más de dos veces.

Hornee los muñecos de jengibre aproximadamente 6 minutos, hasta que se doren sus bases. Deje reposar en las charolas durante 5 minutos antes de pasarlos directamente a rejillas de alambre para que se enfríen por completo. Vista las figuras de jengibre con glaseado (páginas 92 y 96), azúcar (página 95), y otras decoraciones (vea la explicación a la izquierda).

RINDE DE 2 A 5 DOCENAS DE GALLETAS, DEPENDIENDO DEL TAMAÑO

DECORANDO MUÑECOS DE JENGIBRE

Grageas plateadas o color perla en una variedad de tamaños, dulces rojos o blancos y chispas de colores pueden vestir a cualquier muñeco (o muñeca) de jengibre. Cuando las galletas horneadas estén frías, decore con glaseado y use unas pinzas limpias para colocar las decoraciones deseadas sobre el glaseado aún húmedo. Para obtener un aspecto más casero, mientras las galletas aún estén calientes, presione ciruelas, arándanos secos o pasitas en el centro de cada dorso para simular botones. O, antes de hornear, use una prensa de ajo limpia para hacer el pelo del muñeco de jengibre.

1 taza (250 g/8 oz) de mantequilla sin sal, a temperatura ambiente

½ taza (105 g/3½ oz) compacta de azúcar mascabado claro

½ taza (125 g/4 oz) de azúcar granulada

1 taza (345 g/11 oz) de melaza clara

1 huevo

5 tazas (780 g/25 oz) de harina de trigo (simple)

1 cucharadita de bicarbonato de sodio

1 cucharada de jengibre molido

1 cucharadita de canela molida

½ cucharadita de clavo molido

½ cucharadita de sal

GLASEADO REAL

PARA EL GLASEADO REAL
CON HUEVO:

**claras de huevo, a
temperatura ambiente**

**¼ cucharadita de cremor
tártaro**

**4 tazas (500 g/1 lb) de
azúcar glass (para
repostería), cernida**

PARA EL GLASEADO REAL
SIN HUEVO:

**3 cucharadas de polvo de
merengue**

**6 cucharadas (90 ml/3
fl oz) de agua tibia, más la
necesaria**

**4 tazas (500 g/1 lb) de
azúcar glass (para
repostería), cernida**

Para hacer el Glaseado Real con huevo (vea explicación a la derecha), bata las claras de huevo con el cremor tártaro en un tazón grande, usando una batidora a velocidad media, hasta que se esponje. Reduzca la velocidad de la batidora a baja y gradualmente integre el azúcar glass hasta incorporar por completo. Bata a velocidad alta cerca de 2 minutos, hasta que espese y brille.

Para hacer el Glaseado Real sin huevo, bata el polvo de merengue con 6 cucharadas de agua tibia en un tazón grande, usando una batidora a velocidad media. Reduzca la velocidad a baja y gradualmente integre el azúcar glass hasta incorporar por completo. Bata a velocidad alta cerca de 5 minutos, hasta que esté muy espesa y uniforme. Agregue más agua tibia, 1 cucharada a la vez, si el glaseado está demasiado espeso para poder extenderlo o ponerlo con una manga de repostería.

Para usar el glaseado para decorar figuras de jengibre u otro tipo de galleta, vea las técnicas incluidas en las páginas de la 92 a la 96.

RINDE 2 TAZAS (500 ML/16 OZ)

ACERCA DEL GLASEADO REAL

El Glaseado Real es un glaseado clásico usado para decorar galletas para cualquier ocasión. Su textura puede alterarse fácilmente con agua tibia si es demasiado espeso para poder extenderse o con más azúcar glass si está demasiado diluido para poder usar una manga de repostería. Mantenga el glaseado tapado herméticamente mientras trabaja, ya que se seca rápidamente. El Glaseado Real Clásico contiene huevo crudo, que puede ser un riesgo para la salud. Si desea más información, vea las páginas 113 y 114. Si se preocupa por su salud, haga el glaseado que no lleva huevo.

DECORANDO CON APLICACIONES

Masa para Galletas de Azúcar (página 14), fría

PARA EL RELLENO:

3 ó 4 cucharadas de mermelada o jalea sin semillas, como la de chabacano, ciruela roja o frambuesa o una combinación

3 ó 4 cucharadas de lemon curd

Cubra 2 charolas para hornear con papel encerado (para hornear). Divida la masa en 4 porciones iguales y deje reposar a temperatura ambiente durante 15 minutos. Para hacer las bases de las galletas, extienda 1 porción de la masa sobre una superficie de trabajo ligeramente enharinada hasta obtener un espesor de 3 mm (⅛ in). Usando un molde cuadrado para galleta de 5.5 cm (2¼ in) enharinado, corte cuadros. Usando una espátula para repostería, pase las galletas a las charolas preparadas. Repita la operación con otra porción de masa. Vuelva a extender los sobrantes y corte más cuadros. Si los sobrantes de masa se hacen pegajosos, refrigérelos 10 minutos antes de volver a extenderlos.

Para hacer las cubiertas con aplicaciones, extienda otra porción de masa. Use el mismo molde cuadrado para cortar cuadros. Repita la operación con la porción restante de masa. Vuelva a extender los sobrantes y corte más cuadros. Sumerja cortadores miniatura para galletas en harina y corte los diseños en la mitad de las cubiertas, enharinando después de cada corte y usando la punta sin filo de una brocheta pequeña para sacar las diminutas formas, si fuera necesario. Use un molde para galleta más pequeño de 4 cm (1½ in) para hacer ventanas en las cubiertas restantes Pase todas las cubiertas cortadas, cubiertas con ventanas y formas cortadas a las charolas preparadas.

Tape las charolas y coloque en el congelador durante 30 minutos. Precaliente el horno a 180ºC (350ºF).

Hornee las galletas cerca de 10 minutos, hasta que se doren ligeramente las bases de las galletas y de 5 a 7 minutos para las cubiertas de las galletas. Deje enfriar brevemente sobre las charolas antes de pasarlas directamente a las rejillas de alambre para que se enfríen por completo. Mientras tanto, en 1 o más sartenes pequeñas (si usa más de una mermelada o jalea), sobre calor bajo, caliente la mermelada o jalea, moviendo hasta diluir ligeramente. El lemon curd no necesita calentarse.

Extienda una capa delgada (cerca de 1 cucharadita) de jalea o lemon curd sobre las bases de galleta dejando 6 mm (¼ in) sin relleno en las orillas. Cubra con las cubiertas con aplicaciones y con las formas.

RINDE DE 1½ A 2 DOCENAS DE GALLETAS

CORTADORES MINIATURA PARA GALLETAS

Anteriormente, los cortadores miniatura como los de la fotografía superior a menudo se usaban para cortar aspic. Pero hoy en día, hay gran variedad de dichos cortadores para hacer galletas decorativas, como lo demuestra esta receta. Se puede encontrar gran variedad de cortadores, como diamantes, corazones, tréboles e incluso diminutas letras. Busque cortadores variados en las tiendas especializadas en utensilios de cocina. Si no tiene cortadores diminutos para galletas, use un pequeño cuchillo filoso, enharinado, para cortar formas o iniciales con su propio diseño.

TEMAS BÁSICOS SOBRE GALLETAS

Las galletas vienen prácticamente en cualquier forma y sabor que se pueda imaginar: ricos brownies de chocolate, delgadas rebanadas de nuez, sándwiches rellenos de jalea, tejas crujientes, delicados círculos espolvoreados con azúcar, bolas con whiskey americano (bourbon). Generalmente las galletas, fáciles de hacer y siempre una garantía al paladar, se pueden gozar en cualquier momento. Ya sea que las sirva con una taza de té después de la cena, dentro de una lonchera o las envíe como regalo a un amigo que vive lejos, las galletas son justamente lo que necesitamos para satisfacer nuestro antojo de algún bocadillo dulce

EMPEZANDO

Antes de empezar a hacer cualquier receta de galletas, lea con cuidado la lista de ingredientes y las instrucciones. Asegúrese de que entiende todos los pasos a seguir y tenga a la mano todo lo que necesite.

Después, reúna y prepare el equipo y los ingredientes. Para las recetas de galletas, esto quizás signifique precalentar el horno, engrasar o cubrir una charola para hornear, y tener todos sus ingredientes húmedos y secos medidos en tazones u otro tipo de recipientes a la mano, justo como lo especifica la receta. Algunas recetas llevarán ciertos ingredientes a diferentes temperaturas. Por ejemplo, la mantequilla a menudo necesita estar a temperatura ambiente para acremarla

fácilmente. Esté consciente que los huevos fríos, guardados en el refrigerador, serán más fáciles de separar, mientras que los que están a temperatura ambiente son más fáciles de batir. También asegúrese de picar los ingredientes como nueces o chocolate siguiendo las instrucciones.

INGREDIENTES DE CALIDAD

La mayoría de las galletas se hacen con algunos ingredientes relativamente comunes. Por esta razón, debe asegurarse de que cualquier ingrediente que utilice sea lo más fresco y de la mejor calidad posible. La diferencia se verá claramente cuando pruebe las galletas terminadas.

Trate de comprar la cantidad de harina que vaya a usar dentro de los siguientes 4 ó 6 meses. Durará más tiempo, pero es mejor usarla cuando esté fresca. Guarde la harina en un recipiente hermético, almacenado en un lugar frío, seco y oscuro.

La mantequilla sin sal es mejor para hornear galletas ya que tiene un sabor más cremoso y fresco. También le permite agregar sal al gusto. Compre mantequilla sin sal en los mercados con gran movimiento para asegurar su frescura. Se mantendrá fresca en el refrigerador hasta por 3 semanas.

Cuando compre huevos, busque los huevos grandes AA. La categoría AA de los Estados Unidos se refiere a los huevos más frescos y de la mejor calidad que se pueden encontrar.

La mayoría de las recetas piden huevos grandes; si usa huevos extra grandes o pequeños alterará el resultado.

Cuando use chocolate, cómprelo en una tienda con mucho movimiento. Las mejores marcas, como el Callebaut, Scharffen Berger y Valrhora se pueden encontrar en algunos supermercados y tiendas especializadas en alimentos, y entre mejor sea el chocolate que use, la galleta sabrá mejor. Siempre compre el tipo especificado en la receta: chocolate semi amargo o amargo. El semi amargo y semi dulce son similares y se pueden usar indistintamente. Almacene el chocolate bien envuelto en papel aluminio o plástico adherente, a temperatura ambiente fría.

Las nueces y especias también son ingredientes importantes para hacer galletas. Para obtener los mejores resultados compre nueces y especias en los mercados con gran movimiento. Las nueces contienen grandes cantidades de aceite y se pueden hacer rancias. Pruébelas antes de usarlas para asegurarse de que están frescas. Si las congela en un recipiente hermético de plástico o una bolsa gruesa para congelar alimentos, las nueces pueden durar hasta 1 año. Las especias empiezan a perder sus aceites en cuanto se muelen. Sustituya las especias molidas después de 6 meses y las especias enteras después de 1 año. Compre especias en pequeñas cantidades, a granel, si es posible y etiquételas con la fecha de compra.

MIDIENDO

Es importante ser muy exacto al medir los ingredientes para hacer galletas. Cada pastelero debe tener tazas para medir ingredientes húmedos y secos. Las tazas para medir ingredientes secos, que vienen en un juego de varias tazas, por lo general están hechas de acero inoxidable o plástico. Una vez que llene la taza con el ingrediente seco, use el lado plano de un cuchillo para nivelarlo en el borde de la taza para obtener la cantidad exacta. Las tazas para medir líquidos parecen jarras y por lo general están hechas de vidrio o plástico. Cuando mida un líquido, coloque la taza sobre una superficie plana, vierta el líquido dentro de la taza, déjelo reposar y lea la medida a nivel del ojo.

Algunos ingredientes necesitan un cuidado extra al medirse. La harina debe ponerse a cucharadas dentro de la taza para medir o por lo menos moverse antes de ponerla para que no se comprima dentro de la taza. El azúcar mascabado, por otra parte, debe apretarse en la taza con fuerza para que mantenga la forma de la taza cuando se saque. Si enjuaga ligeramente una taza con agua fría antes de poner un ingrediente pegajoso como la melaza o la miel, será más fácil sacarlo.

Algunas recetas piden cernir la harina o el azúcar glass (para repostería) a través de un colador o cernidor, antes o después de medirla, para airearla. Esto le dará al ingrediente una textura uniforme, eliminando las bolas. Al cernir también aumentará su volumen, por lo que no debe cernir antes de medir a menos de que la receta especifique una medida ya cernida.

ACERCA DE LA MASA DE GALLETAS

Aunque las instrucciones para hacer galletas varían mucho, cada pastelero necesita llegar a dominar ciertas técnicas básicas que son comunes a muchas recetas. Tenga presente que casi todas las masas de galletas puede hacerse a mano o a máquina.

ACREMANDO MANTEQUILLA Y AZÚCAR

Las recetas de galletas típicamente empiezan acremando la mantequilla o acremando la mantequilla con el azúcar. Para lograrlo, la mantequilla se bate hasta que se aclara su color, aumenta su volumen y se vuelve suave y esponjosa. Este paso tomará de 3 a 4 minutos con una batidora eléctrica, o más tiempo si se hace a mano. No precipite este paso; al acremar a conciencia se airea la mantequilla y le ayuda a obtener una textura ligera.

Una vez que la mantequilla se ha acremado, agregue el azúcar, batiendo una vez más hasta que la mezcla esté esponjosa y ligera. En este punto, la mezcla se convierte en masa y estará suave, uniforme y de color amarillo claro o color arena. Los granos del azúcar deben incorporarse por completo a la mantequilla. Si frota un poco de la mantequilla y azúcar acremada entre las yemas de sus dedos, la mezcla no debe sentirse arenosa.

AGREGANDO INGREDIENTES SECOS

Al cernir la harina con otros ingredientes secos como el polvo para hornear y la sal es la mejor forma de combinar y airear estos ingredientes para que se distribuyan uniforme y rápidamente en la masa. Siempre agregue los ingredientes secos gradualmente y mezcle o bata hasta que no se distingan dentro de la masa. No bata demasiado; si la masa se bate de más, las galletas quedarán duras.

GALLETAS DE GOTA

En la página opuesta se muestran los pasos básicos para hacer galletas de avena, chispas de chocolate u otras galletas de gota con una batidora eléctrica.

1. Acremando mantequilla: En un tazón grande, acreme la mantequilla hasta que se esponje y se torne amarilla clara. Agregue el azúcar si se especifica en la receta y continúe batiendo hasta que la mezcla ya no se sienta arenosa cuando la frote entre sus dedos índice y pulgar.

2. Mezclando ingredientes: Agregue la mezcla de harina a la mezcla de mantequilla gradualmente, mezclando hasta integrar por completo. En este punto, agregue la avena, nueces, chispas de chocolate u otros ingredientes secos que se especifiquen en la receta.

3. Formando galletas de gota: Coloque la masa a cucharadas copeteadas sobre las charolas para hornear usando otra cuchara para desprender la masa de la cuchara, dejando una separación entre las galletas para que puedan extenderse.

4. Pasando galletas: Use una espátula delgada de metal flexible para pasar las galletas mientras aún estén calientes a una rejilla de alambre para que se enfríen por completo.

GALLETAS DE BARRA

Las galletas de barra fáciles de hacer, como los Brownies (página 29), son el resultado de masas suaves y ricas horneadas en moldes de bordes rectos. Al igual que con un pastel, use un palillo de madera u otro utensilio similar para asegurarse de que las barras siguen húmedas en el centro. Una vez frías, por lo general las galletas de barra se cortan en cuadros o rectángulos. Al cubrir un molde con papel aluminio hace que se puedan sacar las barras más fácilmente.

GALLETAS EXTENDIDAS

La mayoría de las masas para galletas extendidas, como las de Galletas de Azúcar (página 14), deben refrigerarse de 30 minutos a 2 horas antes de extenderlas. Sobre una superficie ligeramente enharinada, extienda la masa fría con un rodillo yendo del centro hacia la orilla, usando trazos cortos. No presione el rodillo tan fuerte que rompa la masa. Mientras que la masa aún esté gruesa, voltéela de vez en cuando o gírela un cuarto de vuelta para evitar que se pegue. Si la masa para galletas se hace demasiado suave y se vuelve pegajosa durante el extendido, refrigérela de 10 a 15 minutos, hasta que esté suficientemente firme para poder extenderla y cortarla.

La masa extendida debe quedar por lo general de 3 a 6 mm (⅛ a ¼ in) de espesor. Después de cortar todas las galletas que pueda de la masa inicial, reúna los sobrantes de masa, vuelva a extender y corte más galletas. No vuelva a extender los sobrantes de masa más de dos veces a menos de que trabaje con una masa muy rica y cremosa; ya que si lo hace esas galletas quedarán duras. Si la masa de galletas se rompe, arréglela amasándola y uniéndola.

GALLETAS DE REFRIGERADOR

La masa para las galletas de refrigerador, también conocidas como galletas de congelador, se hace formando una barra o bloque y enfriándola antes de rebanarla y hornearla. Se pueden usar diferentes colores de masa para hacer diseños divertidos en las galletas terminadas. La masa se puede hacer con 2 días de anticipación, lo cual hace a las galletas de refrigerador especialmente adecuadas para un pastelero muy ocupado.

Para darle forma de barra a la masa, como la usada para hacer las Galletas Napolitanas (página 46) o las Galletas de Pistache y Especias (página 60), coloque la masa cerca de la orilla de una hoja de papel encerado o plástico adherente. Doble el papel o plástico sobre la masa y enrolle fuertemente, formando una barra o cilindro compacto. Refrigere por lo menos durante 2 horas, o de preferencia durante toda la noche, antes de cortar la masa en rebanadas y hornearla.

GALLETAS PRENSADAS

Usar una prensa para galletas, o pistola para galletas, es una forma simple de hacer galletas con formas elegantes. Las prensas funcionan mejor con masa bastante firme y flexible. Para más información sobre cómo usar una prensa para galletas, vea la receta de las Galletas Spritz (página 76).

CONOCIENDO EL HORNO

Un nivel exacto de calor es crítico para hornear galletas. Use un termómetro para horno para determinar la exactitud de su horno. Si el horno difiere en 5º ó 10ºC (25º-50ºF), ajuste la manija de la temperatura como corresponde. La mayoría de las recetas están diseñadas para hornear sobre rejillas tan cerca del centro del horno como le sea posible. Si hornea dos charolas de galletas al mismo tiempo y no caben sobre una rejilla, coloque dos rejillas tan cerca del centro del horno como le sea posible.

Si hornea más de una charola de galletas al mismo tiempo, a la mitad del tiempo de horneado cambie las charolas de rejilla y rótelas. Esto asegurará un horneado más uniforme.

ENFRIANDO

Las instrucciones para el enfriamiento de galletas varían en cada receta. Algunas galletas necesitan enfriarse breve o totalmente sobre las charolas de hornear, o en el caso de las galletas de barra, en el molde para hornear, antes de sacarse; otras deben retirarse de inmediato. Siga las instrucciones de cada receta.

Le recomendamos que deje que las charolas para hornear se enfríen totalmente entre tanda y tanda. Si pone masa sobe charolas de hornear aún calientes, la masa se empezará a cocer, suavizándose y extendiéndose antes de que haya colocado todas las galletas. Para ahorrar tiempo, tenga cada nueva tanda de galletas lista sobre un trozo de papel encerado (para hornear), resbale sobre la charola de hornear y meta inmediatamente al horno.

DECORANDO

Calcule suficiente tiempo para que las galletas se enfríen totalmente antes de decorarlas, y permita que las decoraciones se cuajen antes de servir. Maneje las galletas decoradas con cuidado para evitar que la decoración se maltrate o rompa. Para almacenarlas, envuelva cada galleta individualmente en un trozo de plástico adherente o colóquelas holgadamente en capas entre hojas de papel encerado. Almacene en un recipiente hermético.

DECORANDO CON GLASEADO

Una simple galleta de azúcar se puede convertir en una obra de arte con diseños complicados y dibujos hechos con glaseado. Para instrucciones detalladas de cómo extender el glaseado y adornar, vea las páginas de la 92 a la 96. Si desea usar varios colores, asegúrese de tener muchos tazones pequeños para mezclar el glaseado con diferentes pinturas vegetales. También

tenga a mano una o dos mangas de repostería y puntas para decorar. Coloque cada manga de repostería con su punta dentro de un vaso pequeño para que detener verticalmente mientras la rellena. Algunos otros utensilios que debe tener a mano para adornar con glaseado son una espátula de repostería, una brocha de pastelería, cucharas pequeñas y pinzas.

Practique haciendo diseños sobre un plato o una hoja de papel encerado. Siempre puede retirar el glaseado del plato y volver a usarlo. Si está decorando sobre una capa lisa de glaseado, asegúrese de que la primera capa esté totalmente cuajada, por lo general tarda de 1 a 3 horas, antes de aplicar una nueva capa de glaseado.

AZÚCAR DE COLORES Y OTRAS DECORACIONES

Hoy en día existe una gran variedad de decoraciones para galletas. Puede encontrar prácticamente cualquier tono de azúcar teñida, o incluso puede crear su propio tono con colorante artificial en polvo. El azúcar también viene en una variedad de granos, desde los finos hasta los gruesos, dando textura y brillo a cualquier galleta.

Algunas de las decoraciones más tradicionales para galletas incluyen uvas pasas, arándanos secos y chispas de chocolate. Otras ideas incluyen brillantes perlas, pequeñas cuentas comestibles aperladas y otros dulces pequeños y duros.

Para aplicar el azúcar de colores u otro tipo de decoraciones, unte

las galletas horneadas con una capa delgada y uniforme de Glaseado Real (página 99). Mientras el glaseado esté aún húmedo, presione ligeramente las decoraciones con la yema de sus dedos para asegurarse de que se han pegado. Las pinzas ayudan a poner las decoraciones de forma más precisa y las cucharas pequeñas son útiles cuando se aplica azúcar de colores.

Por lo general, las galletas que no llevan glaseado deben decorarse antes de hornearse. Si las decoraciones son pegajosas (como los arándanos, uvas pasas y otras frutas secas), o si son trozos de masa de galletas, puede simplemente presionar las decoraciones sobe la masa. Si las decoraciones son azúcar, grageas o dulces, barnice la galleta horneada muy ligeramente con clara de huevo batida (página 113 y 114). Espolvoree sobre las galletas, presionándolas suavemente y sacuda el exceso de azúcar o grageas.

CHOCOLATE

Use una cubierta de chocolate para decorar o sumergir galletas. Para hacer una cubierta de chocolate, mezcle chocolate picado con un poco de manteca vegetal en la olla superior de un hervidor doble y derrita sobre agua hirviendo a fuego lento (página 50). La manteca es opcional, pero ayuda a mantener el chocolate brillante una vez que éste se enfríe. Para obtener los mejores resultados, use 1 cucharadita de manteca vegetal para cada 125 g (4 oz) de chocolate.

Para remojar las galletas en chocolate, detenga la galleta

firmemente y sumerja en el chocolate. Levántela del chocolate y colóquela en una rejilla sobre una charola de hornear cubierta con papel encerado. Deje reposar a temperatura ambiente o refrigere de 30 minutos a 1 hora, hasta que el chocolate esté firme.

Para rociar las galletas con chocolate, sumerja una cucharita o un tenedor en el chocolate caliente y pase sobre las galletas, llevando de un lado a otro para crear una serie de líneas delicadas y delgadas. (Vea la receta para las Galletas Crujientes de Almendras Rociadas con Chocolate, página 50).

ALMACENANDO GALLETAS

La mayoría de las galletas y barras horneadas se pueden almacenar a temperatura ambiente hasta por 3 días. Las galletas suaves con mucha grasa, como las galletas de mantequilla o las galletas de chispas de chocolate, no se mantendrán frescas tanto tiempo como las más crujientes, como los biscotti. Cuando se enfríen por completo, las galletas o barras cortadas deberán pasarse a un recipiente hermético, como una lata de aluminio o un recipiente de plástico rígido. Las barras que no se han cortado y retirado del molde se pueden cubrir con papel aluminio y guardarse a temperatura ambiente hasta por un día.

Muchas masas para galleta se pueden congelar, en particular las diseñadas para hacer barras o para rebanarse. Otras buenas candidatas incluyen las masas duras y cremosas como la de las Galletas de Azúcar (página 14) o las Galletas Spritz (página 76).

La mayoría de las galletas y barras horneadas pueden congelarse para que duren más tiempo. Deje que se enfríen totalmente y envuelva en pilas pequeñas o individualmente en plástico adherente. Empaque las galletas envueltas en recipientes de plástico rígido o en bolsas de plástico con cierre hermético. La mayoría de las galletas se pueden congelar hasta por 3 meses.

Descongele las galletas congeladas, en su envoltura, a temperatura ambiente o en el refrigerador. La mayoría de ellas se descongelarán en 2 horas. Sírvalas tan pronto le sea posible después de que se hayan descongelado por completo. No estarán tan húmedas como las galletas recién horneadas y por lo tanto se echarán a perder más rápido.

No almacene galletas crujientes con galletas tipo pastel. Las galletas crujientes absorberán la humedad de las otras y se suavizarán. Almacene las galletas con glaseado u otra decoración en capas sencillas, separadas por papel encerado para evitar que se peguen entre ellas.

REGALANDO GALLETAS

Un regalo de galletas caseras siempre es bien recibido. Cuando se envuelven sencilla y creativamente, un platón, caja o lata de galletas se convierte en el regalo perfecto, ya sea que usted las lleve a una reunión o las envíe por paquetería.

Si va a entregar las galletas personalmente, prácticamente cualquier receta puede funcionar. Si va a enviar las galletas, elija recetas bastante fuertes, como las que se presentan en el capítulo Galletas para Regalos (página 59). El plástico adherente sirve muy bien para proteger a las galletas enviadas en paquetería. Aísla las galletas, las mantiene frescas y las protege en caso de que un paquete se maneje sin cuidado. Empaque las galletas envueltas apretadamente en una lata atractiva o en una caja de cartón duro. Coloque la lata o caja dentro de un contenedor de paquetería lo suficientemente grande para poder forrar la caja o lata con una capa adicional de material para empaque. Meta plástico burbuja, papel de seda u otro material acojinado para evitar que las galletas se muevan. Cierre bien la caja, etiquétela claramente y envíela de modo que llegue en unos cuantos días.

En la página contraria se presentan algunas ideas divertidas para empacar galletas:

1. Empacando en bolsas: Las bolsas decorativas son una forma rápida de empacar galletas y vienen en una gran variedad de colores y tamaños. Si lo desea, use un trozo de bello listón para agregar un toque festivo.

2. Empacando en cajas: Busque cajas de cartón o cajas de papel duro con manijas de metal en las tiendas de arte. Acomode las galletas sobre una cama de papel picado o papel de seda para evitar que se rompan.

3. Empacando en latas: Las latas son una opción tradicional para regalar galletas y son perfectas para apilar en varias capas. Busque latas con formas y texturas interesantes.

4. Empacando en un plato: Acomode las galletas sobre un plato o platón bonito, envuélvalo con papel celofán y amarre con un trozo de listón. Incluya la receta sobre la tarjeta de regalo, si lo desea, para que quien lo reciba pueda hacer estas galletas en otra ocasión.

GLOSARIO

AZÚCAR

Cristales gruesos: también llamada azúcar gruesa o azúcar arenosa, esta azúcar decorativa es apreciada por sus grandes y bellos gránulos.

Cruda: : La mayoría de los azúcares que llevan la etiqueta de "cruda" son en realidad ligeramente refinadas. La Turbinada, un azúcar cruda muy común, tiene cristales gruesos de color café claro. El azúcar Demerara y la de Barbados también son variedades de azúcar cruda.

De colores: Vea la página 95.

Glass: También conocida como pulverizada o azúcar de repostería, el azúcar glass es azúcar granulada molida y hecha polvo y se ha mezclado con un poco de fécula de maíz

Granulada: El azúcar más común es la azúcar granulada de color blanco, extraída de la caña de azúcar o remolacha que resulta de un proceso en el cual se refina, hierve, centrifuga, se le da un tratamiento químico y se cuela. Para hornear, compre únicamente azúcar de caña de azúcar; el azúcar de remolacha puede tener un efecto impredecible en muchas recetas.

Maple: Hecha al hervir savia de maple hasta estar casi seca, el azúcar de maple es mucho más dulce que la granulada de color blanco.

Mascabado: Vea la página 30.

Super fina: Cuando la azúcar granulada se muele finamente se convierte en azúcar super fina, también conocida como azúcar caster. Como se disuelve con más rapidez, es el azúcar preferido para usarse en masas delicadas o para batir claras de huevo. Para hacer la suya propia, muela azúcar granulada en un procesador de alimentos hasta obtener gránulos finos.

CARAMELO

CARAMELO El término caramelo (butterscotch) se refiere al sabor que se desarrolla cuando se mezclan mantequilla, azúcar mascabado y un poco de vainilla.

CERNIDOR DE HARINA Un cernidor de harina tiene la forma de canasta, y está activado por una manija que se gira o aprieta, la cual forza a la harina, azúcar glass (para repostería) u otros ingredientes secos a través de una capa (pueden ser dos o tres) de malla de alambre. Si no tiene un cernidor, puede usar un colador de malla fina y simplemente golpear su anillo para pasar la harina a través de la malla.

COCOA EN POLVO Vea la página 38.

CREMOR TÁRTARO Este polvo blanco es tartrato ácido de potasio, un subproducto del proceso de fabricación de vino. Se usa principalmente en pastelería para estabilizar las claras de huevo y hacer que se batan más fácilmente.

CHOCOLATE Vea las páginas 29 y 105.

ESPÁTULAS Los pasteleros de galletas por lo general usan tanto espátulas de metal como de hule. La espátula de repostería tiene una hoja delgada y flexible, por lo general hecha de acero inoxidable, que hace ángulo con el mango. Estas espátulas son ideales para retirar las delicadas galletas de las charolas para hornear. Las espátulas anchas, planas, de metal delgado, también conocidas como volteadores, también se pueden usar para levantar las galletas de las charolas. Las espátulas de

hule flexible, disponibles en diferentes tamaños, son excelentes para mezclar o integrar ingredientes con movimiento envolvente y para limpiar los lados de un tazón o del procesador de alimentos.

ESPECIAS A continuación presentamos algunas especias usadas para hacer muchas galletas. Si desea más información sobre la manera de usar especias, vea la página 79.

Canela: La vaina oscura de un árbol, cuya variedad más comúnmente usada es la canela cassia, es de color café rojizo oscuro y tiene un sabor dulce y fuerte. La canela se vende en vaina o molida. Si usted muele su propia canela, primero tritúrela o rómpala en trozos.

Clavos de olor: Con forma de un pequeño clavo con cabeza redonda, el clavo casi negro es el botón seco de un árbol tropical de hoja perenne. Tiene un sabor apimentado, dulce y fuerte y se vende entero o molido.

Jengibre: Un rizoma café con protuberancias o tallo de raíz de una planta tropical, el jengibre tiene un aroma y sabor cálido y especiado. Para hacer galletas u otros alimentos horneados, el jengibre por lo general se usa molido o en trozos cristalizados o acaramelados. Se puede encontrar jengibre cristalizado en tiendas especializadas en alimentos o en la sección de pastelería o alimentos asiáticos en las tiendas de alimentos bien surtidas.

Nuez moscada: Vea la página 46.

Pimienta de jamaica (allspice): Vea la página 71.

Semilla de anís: Vea la página 18.

EXTRACTOS Saborizantes concentrados hechos de plantas; los extractos, también llamados esencias, a menudo se usan para dar sabor a recetas dulces. Los extractos se hacen al destilar los aceites esenciales de una planta y suspenderlos en alcohol. Entre los extractos más comúnmente usados para hacer galletas están el de vainilla, almendra, anís y menta. Evite los saborizantes de imitación, que se hacen con compuestos sintéticos y tienen un sabor menos complejo. Almacene los extractos en un lugar fresco y oscuro hasta por 1 año.

EXTRACTO DE VAINILLA También conocido como esencia de vainilla, esta destilación proporciona perfume, fuerza y matiz a las galletas. Evite la imitación de la vainilla, que tiene un sabor artificial y más tenue. El extracto de vainilla por lo general se hace de granos Bourbon-Madagascar y los extractos de vainilla de la mejor calidad deben mencionarlo en su etiqueta.

HARINA
De trigo: También conocida como harina simple, la harina de trigo es la de uso general que sirve para una gran variedad de galletas y otros postres. Está hecha de una mezcla de trigos suaves y duros.

Para pastel: Baja en proteína y alta en almidón, la harina preparada para pastel se muele de trigo suave y contiene fécula de maíz. Su textura es muy fina y también ha pasado por un proceso de blanqueo que aumenta su capacidad para retener agua y azúcar. Las galletas hechas con harina para pastel tienen una miga particularmente suave.

HUEVO, CRUDO Los huevos algunas
veces se usan crudos en el glaseado, como base pegajosa para el azúcar u otras decoraciones y en otras preparaciones de galletas. Los huevos crudos corren el riesgo de estar infectados con salmonela u otra bacteria, que puede causar el envenenamiento con alimentos. Este riesgo es más peligroso para los niños pequeños, personas de edad avanzada, mujeres embarazadas y aquellas personas con un sistema inmunológico débil. Si se preocupa por su salud, no consuma huevos crudos. Puede sustituir los huevos crudos de algunas recetas por productos de huevo pasteurizado como el polvo de merengue.

MANTEQUILLA, SIN SAL También llamada mantequilla dulce, la mantequilla sin sal es la que se recomienda para hornear. No tiene la sal que puede interferir con el sabor de la receta final y es más probable que esté más fresca ya que la sal actúa como preservativo.

MELAZA Vea la página 80.

MOLDES PARA GALLETAS Algunos moldes para galletas están hechos de plástico, pero los mejores moldes están hechos de metal, para que su lado corte la orilla. Los moldes para galletas vienen en diferentes formas y tamaños, desde los círculos básicos hasta los moldes especiales para celebraciones y con motivos de temporada. Cuando use moldes para galletas sumérjalos en harina periódicamente para que no se peguen a la masa y corte todas las galletas que pueda a la vez. Levante cuidadosamente las orillas de masa sin forma (sobrantes), y use una espátula ancha para pasar las galletas cortadas a las charolas para hornear preparadas.

NUECES
A continuación presentamos algunas nueces comúnmente usadas en las recetas de galletas. Si desea información sobre cómo tostar nueces, vea la página 22 y sobre cómo moler nueces, vea la página 37.

Almendras: Estas nueces ovaladas son la pulpa que viene dentro del hueso de una fruta seca parecida al durazno. Las almendras son delicadas y aromáticas y tienen una textura suave. Se venden sin blanquear, con su piel natural de color café, y blanqueadas, sin piel, para mostrar su color marfil claro.

Avellanas: También conocidas como filberts en inglés, las avellanas, del tamaño de una uva, tienen cáscaras duras con punta parecidas a una bellota, su pulpa es color crema y su sabor es dulce, rico y cremoso. Son difíciles de abrir y por lo general se venden sin cáscara.

Nueces: La arrugada pulpa de la nuez, con doble lóbulo, tiene un sabor rico y firme. La variedad más común es la nuez inglesa, también conocida como nuez persa, que tiene una cáscara color café claro y se rompe fácilmente. Las nueces negras tienen un sabor más fuerte y cáscaras extremadamente duras, además son sumamente difíciles de encontrar.

Nueces de Brasil: Encerradas en una cáscara oscura, dura y de textura tosca con forma parecida a un pequeño gajo de naranja, las nueces de Brasil tienen un sabor ligeramente parecido al de la pulpa del coco. Estas semillas de unos árboles muy altos que crecen únicamente en las regiones tropicales de Sudamérica, necesitan de tiempo y habilidad para cultivarse. Las nueces de Brasil son mejores si se comen como botana o se usan en postres.

Nueces de Macadamia: Vea la página 72.

Nueces Pecanas: Vea la página 84.

Pistaches: Los pistaches tienen cáscaras exteriores delgadas, duras y redondas de color canela claro. A medida que los pistaches se maduran, sus cáscaras se abren y dejan ver sus granos de tono verde claro.

PAPEL ENCERADO Tratado para aguantar el fuerte calor de un horno, el papel encerado es ideal para forrar charolas para hornear galletas. También conocido como papel para repostería, el papel encerado aguanta la humedad y la grasa y tiene una superficie suave que evita que se peguen las galletas. Busque el papel encerado en mercados bien surtidos o en tiendas especializadas en utensilios de cocina.

POLVO DE MERENGUE Este producto de huevo pasteurizado, hecho de claras de huevo, azúcar, fécula de maíz, sabor de vainilla y otros ingredientes, permite a los pasteleros evitar el uso de claras de huevo crudo, que en algunas ocasiones puede ser un riesgo para la salud. Una vez abierto, almacene en un recipiente hermético dentro del refrigerador.

POLVO PARA HORNEAR VS. BICARBONATO DE SODIO
El polvo para hornear y el bicarbonato de sodio son levaduras químicas. al reaccionar con el líquido y el calor desprendiendo gas de dióxido de carbono, que a su vez fermenta a la masa, haciéndola que se esponje al cocinarse. El polvo para hornear es una mezcla de un ácido con un alcalino

o base, que se activa al ser expuesta a la humedad o al calor. El polvo para hornear de doble acción contiene dos ácidos. El primer ácido reacciona mientras se mezcla la masa y el segundo ácido reacciona dentro del horno durante el proceso de horneado.

El bicarbonato de sodio es un alcalino o base, que desprende gas de dióxido de carbono únicamente cuando entra en contacto con un ingrediente ácido, como la crema ácida, buttermilk o melaza.

RALLADURA La ralladura es la porción delgada y colorida de una cáscara cítrica. Elija fruta orgánica para cualquier receta que pida ralladura. Asegúrese de tallar bien la fruta para eliminar cualquier residuo de cera. Puede usar un rallador o utensilio designado para retirar la ralladura en tiras largas y delgadas, las cuales posteriormente se pueden usar enteras o picadas. O, si lo desea, use un rallador Microplane fino o las raspas más finas de un rallador manual. En todo caso, tenga cuidado de retirar únicamente la porción de la cáscara que tiene color, sin llegar a la piel blanca que tiene un sabor amargo.

REJILLAS DE ENFRIAMIENTO Las galletas recién salidas del horno, ya sea que se retiren con una espátula o se dejen sobre la charola, se ponen a enfriar sobre rejillas de alambre, las cuales permiten la circulación de aire por todos lados. Las rejillas pueden ser cuadradas, rectangulares o redondas y se sostienen por medio de unas patas cortas, están hechas de acero cubierto con estaño, acero inoxidable, aluminio anodizado o metal cubierto con cromo o níquel. Tenga a mano suficientes rejillas para sostener 2 charolas de hornear para galletas.

UTENSILIOS PARA REPOSTERÍA Los diferentes tipos de galletas necesitan distintos tipos de utensilios para repostería. A continuación presentamos algunos de los artículos más comunes para hacer galletas.

Charola para hornear: El utensilio más comúnmente usado para hornear galletas es la charola para hornear, la cual es una charola rectangular hecha de metal con bordes poco profundos y ligeramente inclinados. Viene en diferentes formas, incluyendo la charola de media hoja y la de niño envuelto.

Charola para galletas: Charolas planas de metal que generalmente tienen un borde bajo en uno o en dos de sus lados para poder resbalar las galletas hacia la rejilla de alambre. Evite las charolas muy oscuras que pueden hacer que sus galletas se doren demasiado o se quemen. Las charolas antiadherentes para galletas funcionan bien y son fáciles de limpiar. Las charolas con aislante, que tienen una bolsa de aire interior entre las dos capas de metal, garantizan que ninguna galleta se quemará. Sin embargo, no son las adecuadas para hacer galletas delgadas y crujientes que se benefician del calor intenso. Usted necesitará tener a la mano por lo menos 2 charolas para galletas cuando hornee tandas grandes de galletas.

Molde para hornear: Usado para hacer brownies y otras galletas de barra, los moldes para hornear pueden ser moldes refractarios de vidrio o cerámica o moldes de metal. Vienen en todas las formas y tamaños. Los alimentos se hornean más rápidamente en los refractarios de vidrio y cerámica, por lo que si una receta pide un molde de metal, quizás tenga que reducir el tiempo de horneado y la temperatura si usted usa un molde refractario.

ÍNDICE

DEGUSTIS
Es un sello editorial de
Advanced Marketing, S. de R.L. de C.V.
Aztecas 33, Col. Sta. Cruz Acatlán, C.P. 53150 Naucalpan, Estado de México

WILLIAMS-SONOMA
Fundador y Vicepresidente: Chuck Williams
Compras: Cecilia Prentice

WELDON OWEN INC.
Presidente Ejecutivo: John Owen; Presidente: Terry Newell; Jefe de Operaciones: Larry Partington
Vicepresidente, Ventas Internacionales: Stuart Laurence; Director de Creatividad: Gaye Allen;
Editor de Serie: Sarah Putman Clegg; Editor Asociado: Heather Belt; Diseño0: Teri Gardiner
Director de Arte: Catherine Jacobes; Gerente de Producción: Chris Hemesath;
Coordinación de Envíos y Producción: Libby Temple

Weldon Owen agradece a las siguientes personas por su generosa ayuda
y apoyo en la producción de este libro: Editor de Copias; Carolyn Miller; Editor
Consultor: Sharon Silva; Diseñador Douglas Chalk; Estilista de Alimentos: George Dolese;
Estilistas de Alimentos: Kim Konecny y Erin Quon; Asistente de Estilista de Alimentos: Elisabet
der Nederlanden; Consultor de Recetas: Peggy Fallon; Consultor de Decoración: Diane Gsell:
Asistente de Fotografía: Noriko Akiyama y Heidi Laderlanden; Corrección de Estilo: Desne
Ahlers, Carrie Bradley y Cristina Tinoco de Oléa; Índice: Ken DellaPenta;
Supervisión de la Edición en Español: Marilú Cortés García,

Título Original: *Cookies*   Traducción: Laura Cordera L.,Concepción O. De Jourdain
Galletas de la Colección Williams-Sonoma fue concebido y producido por
Weldon Owen Inc., en colaboración con Williams-Sonoma.

Presentado en Traján, Utopía y Vectora.

ISBN 970-718-283-0

Separaciones de color por Bright Arts Graphics Singapur (Pte.) Ltd./ Color separations by Bright Arts Graphics Singapore (Pte.) Ltd.
Impreso y encuadernado en Singapur por Tien Wah Press (Pte.) Ltd./Printed and bound in Singapore by Tien Wah Press (Pte.) Ltd

1 2 3 4 5   04 05 06 07 08

UNA NOTA SOBRE PESOS Y MEDIDAS
Todas las recetas incluyen medidas acostumbradas en Estados Unidos y medidas del sistema métrico.
Las conversiones métricas se basan en normas desarrolladas para estos libros y han sido
aproximadas. El peso real puede variar.